Postkarte, eingestampft

Rostock, kreisfreie Stadt in Mecklenburg-Vorpommern, an der Mündung der Warnow in die Ostsee, 181 km², (1990) 253 000 Einwohner; erstreckt sich überwiegend am linken Ufer der Unterwarnow; Verwaltungssitz des Kreises Rostock. R. ist die wichtigste Hafenstadt an der ostd. Ostseeküste und das größte Wirtschaftszentrum von Mecklenburg-Vorpommern.
Aus: Brockhaus Enzyklopädie, Mannheim 1992

IMPRESSUM

Autoren:
Michael Gabriel, zur Zeit Mitarbeiter der Koordinationsstelle Fan-Projekte, früher aktiver Fußballer in der Jugend und der Amateurmannschaft von Eintracht Frankfurt. (Er war in der Jugend zweimal Deutscher Meister!) Mitglied des Wahlausschusses und Gründungsmitglied der Fan- und Förderabteilung.

Matthias Thoma, Student der Pädagogik an der FH in Frankfurt. Co- Autor des Buches „Mainderby in Berlin" über die deutsche Meisterschaft 1959 und ehrenamtlicher Mitarbeiter im Vereinsarchiv von Eintracht Frankfurt.

Fotos:
Fotoagentur Bongarts, Fotoagentur Wende, Jochen Günther
Tanja & Thorsten Posch, Guido Klockmann & Oliver Teutsch (EFC Weinhold auf der Flucht), Andreas „Pferd" Hornung, Astrid Best & Hansi Simon, Jörg Heinisch, Stefan „Präsi" Schell, Oelde-Manni, Dr. Othmar Hermann, Dietmar Wörner, Vereinsarchiv Eintracht Frankfurt

Verwendete Literatur:
Matheja, Ulrich: Eintracht Frankfurt. Schlappekicker und Himmelsstürmer, Göttingen 1999
Franzke, Tobien: Eintracht Frankfurt. Immer oben dabei, Taunusstein 1992
Bauer, Dr. Thomas: Frankfurt am Ball, Frankfurt 1999

Zeitungen/Fanzeitungen:
Frankfurter Neue Presse, Frankfurter Rundschau, Frankfurter Allgemeine Zeitung, Offenbach Post, Kicker, FUWO, Fan geht vor

Großer Dank gebührt:
Ulrich Matheja für die Spielerdaten; den Fotoagenturen Bongarts, Wende und Günther für das Überlassen der Spielfotos zum Selbstkostenpreis; Lutz Wagner und Frau Dr. Oster für Vermittlungen; Achim Greser für die Karikaturen und das eine oder andere Bier; Thomas Müller (EFC Schwarze Geier) für die Radioreportage vom 16. Mai 1992; Rainer Kaufmann für das Abfotografieren der Fernsehbilder; Kerstin Thoma für das Korrekturlesen; Dr. Stefan Hauck für den Last-Minute-Lektor-Job; Dr. Othmar Hermann, dem unverzichtbaren Hüter des größten Eintrachtschatzes für seine stete Hilfsbereitschaft; Volker Goll für den Druckerei-Kontakt und die Telefonnummer vom Gardasee; Alex Wetzel für den Geleitschutz in Konz; der Eintracht Frankfurt Fußball AG für die Unterstützung.
Ganz besonderer Dank der Flamme vom Matze fürs Layouten und die elefantenmäßige Geduld mit uns!

 Bildbearbeitung/Layout:
Anja Feix (kritisch gegenüber einigen Passagen: „Hab´ ich den dritten Weltkrieg verpasst?")

Druck:
Fuldaer Verlagsanstalt   3. Auflage

Alle Rechte vorbehalten   ISBN: 3-89152-496-x   dasrostocktrauma@yahoo.de

INHALT

Vorwort   5

1. Tausendmal probiert   7

2. Das Trauma –
   ein Spiegel der fußballerischen Seele   21

3. Die Mannschaft   29

4. Saison 1991/1992   37

5. 16. Mai 1992   55

6. Uwe Bindewald/Ralf Weber   69

7. Die Fans   77

8. Die Schuldigen   105

9. Zehn Jahre danach   119

10. Therapievorschläge   123

Frankfurt · München · Berlin · Hamburg · Köln · Zürich · Barcelona · Lisboa · Budapest · Helsinki · Rotterdam · Brügge · Tokyo

Urbanicacion de Luxo

Europe's Finest

Luxury Football & Wellness Resort

Shopping

Wellness

Restaurants

hooligan STREETWEAR

Hooligan · Heidelbergerstr. 13 HH · 60327 Frankfurt am Main
Katalog gegen € 1,53 in Briefmarken

Shop Öffnungszeiten:
Montag - Dienstag von 15.00 - 18.00 Uhr • Mittwoch - Freitag von 15.00 - 20.00 Uhr

St.Tropez Bar Öffnungszeiten:
Mittwoch - Freitag von 15.00 - 01.00 Uhr

www.hooligan.de

VORWORT

„... und plötzlich, in der letzten Minute des letzten Spiels der Saison, war Thomas durch, ganz allein, mit der Chance, die Meisterschaft für Arsenal zu holen. ‚Jetzt haben sie es in der Hand' schrie Brian Moore (...) Und dann schlug er einen Salto, und ich lag flach auf dem Boden, und jeder im Wohnzimmer sprang auf mich drauf. Achtzehn Jahre, in einer Sekunde weggeblasen."
In seinem großartigen Buch Fever Pitch beschreibt Nick Hornby wunderschön, wie er seine erste Meisterschaft als aktiver Fan des FC Arsenal feiern konnte. Die Passagen sind so ergreifend, dass sich sechs Eintrachtfans, die im März 1999 den hundertsten Geburtstag ihres Vereins mit einer Nacht im Waldstadion feierten, diesen „größten Augenblick aller Zeiten" im Mittelkreis stehend im Schein einer Taschenlampe vorlasen.
Von großer Wehmut der Beteiligten in diesem Augenblick wurde berichtet, denn auch die Eintracht war in Rostock ganz, ganz nah dran am „größten Augenblick aller Zeiten".
Rostock. Der Name dieser Stadt verursacht bei fast allen Eintrachtfans eine Gänsehaut. Erinnerungen werden wach an jenen 16. Mai 1992, an dem die Eintracht auszog, um die Früchte einer beeindruckenden Saison zu ernten, am Ende jedoch geschlagen nach Frankfurt zurückkehrte.
Erinnerungen werden auch wach an eine große Fußballmannschaft: Uwe Bein, Ralf Falkenmayer, Manfred Binz, Uli Stein. Sie alle standen in der alten Eintrachttradition der Fußballzauberer, zelebrierten bereits in der Saison 1991/1992 den Fußball 2000 und begeisterten damit die Fans in Deutschland. Aber sie standen auch in der Eintrachttradition der „Diva vom Main". Vor lauter Zauberei vergaßen sie manchmal, die für einen Sieg notwendigen Tore zu erzielen. So vergab die Eintracht wichtige Punkte in Spielen, die sie eigentlich haushoch hätte gewinnen müssen. Und es ist bezeichnend, dass das entscheidende Spiel um die Meisterschaft gerade beim Absteiger Hansa Rostock verloren ging. Den Fußballkünstlern vom Main fehlte die nötige Nervenstärke, um im Fernduell mit den beiden Meisterschaftskonkurrenten aus Dortmund und Stuttgart bestehen zu können. So stand die spielerisch stärkste, offensivste und obendrein fairste Mannschaft der Saison am Ende nur auf dem enttäuschenden dritten Tabellenplatz.

Geburtstagsfeier an ungewöhnlichem Ort: Auf dem Bild fehlt der Kurierfahrer, schon wieder auf Achse ...

Die Saison 1991/1992 bescherte der Eintracht neben dem Fußball 2000 aber auch eine neue Dimension der Querelen. Da gab es die immer wiederkehrenden Wechselgerüchte um den selbsternannten „Frankfurter Bub" Andreas Möller und die unglückliche Doppelfunktion seines Beraters Klaus Gerster, der sich gleichzeitig als Manager der Eintracht versuchte. Dazu kamen schwierige Charaktere wie Dragoslav Stepanovic, Axel Kruse, Heinz Gründel und Uli Stein. Aber während unter der Woche oftmals die Fetzen flogen, raufte sich die Mannschaft Samstags meist wieder zusammen. Direkt am Tag nach Rostock, beim traurig-trotzigen Empfang am Römer, konnte man den selben Eindruck gewinnen. Es schien, als würden in Zeiten der größten Enttäuschung Mannschaft und Fans zusammenrücken. Damals konnte man gemeinsam den Blick wieder nach vorne richten, auf die kommende Saison, in der man den Titel nun endlich nach Frankfurt holen wollte. Das geht heute leider nicht mehr.

Rostock war der Beginn eines schleichenden Abstiegs, der in der Saison 2001/2002 mit dem Versinken im Mittelmaß der zweiten Liga seinen vorläufigen Höhepunkt erreicht hat. Und Hoffnung auf eine Besserung gibt es derzeit wahrlich nicht.

Es ist in der aktuellen Situation kaum vorstellbar, dass die Eintracht vor gerade mal zehn Jahren die Bundesliga beherrschte – leider nur bis zum letzten Spieltag. Übrigens: Waren sie am 05. Mai 2002 beim letzten Spiel der Saison gegen Babelsberg? Auf den Tag genau zehn Jahre zuvor gewann die Eintracht in Karlsruhe mit 2:0 und verteidigte damit drei Spieltage vor Saisonende die Tabellenführung.

Das vorliegende Buch blickt mit zeitlichem Abstand noch einmal zurück auf eine aus Frankfurter Sicht bemerkenswerte Saison 1991/1992. Es versucht, die unterschiedlichsten Facetten sichtbar zu machen, von der riesigen Euphorie, die sich im Verlaufe der Saison immer mehr gesteigert hatte, bis hin zur noch größeren Enttäuschung und Trauer von Spielern und Fans, als die Saison schließlich abgepfiffen wurde.

In den vergangenen 10 Jahren hat sich der Blick auf Rostock – ganz sicher auch beeinflusst von der aktuellen Lage des Vereins - verändert. Auch davon erzählt dieses Buch.

April 2002
Michael Gabriel & Matthias Thoma

TAUSENDMAL

1

TAUSENDMAL PROBIERT...

In ihrer mehr als einhundertjährigen Geschichte hat die Eintracht mehrmals vergeblich nach der begehrten Meisterschale gegriffen. Auf den folgenden Seiten haben wir einige besonders hoffnungsvolle Anläufe, den Titel an den Main zu holen, zusammengetragen. Dabei ist zu beachten, dass es in der langen DFB-Historie zwei Möglichkeiten gab, Deutscher Meister zu werden. Bis zur Einführung der Fußballbundesliga im Jahr 1963 mussten sich die erstplatzierten Vereine der verschiedenen Ligen über eine „Endrunde um die Deutsche Meisterschaft" für das Endspiel qualifizieren, in dem dann der Deutsche Meister ausgespielt wurde. Elf Mal stand die Eintracht in einer Endrunde, einige Male scheiterte sie knapp. Nach 1963 wurde die Meisterschaft dann in der heute noch geläufigen Punktrunde der Bundesliga ausgespielt. Auch hier griff die Eintracht einige Male nach der Meisterschale.

Eingebettet in den tragischen Rückblick auf Pleiten, Pech und Pannen ist das aus Vereinssicht glorreiche Jahr 1959. Am 29. Juni dieses Jahres landete auf dem Frankfurter Flughafen um kurz nach 17 Uhr eine Maschine, die kurz zuvor noch schnell auf den Namen „Eintracht" umgetauft wurde. Wenig später war es soweit. Alfred Pfaff und seine Mannschaftskameraden stolzierten freudestrahlend mit der silberfarbenen Trophäe die Gangway des Flugzeugs herunter – und erstmals (und bis zum heutigen Tage leider auch letztmals) hatte die Stadt Frankfurt die Meisterschale in ihren Pforten. Doch dazu später ...

1932 – Zum ersten Mal im Endspiel

Gelegenheit zu Meisterehren zu kommen, hatte die Eintracht bereits im Jahr 1932, als sie erstmals das Endspiel um die Deutsche Meisterschaft erreichte. 1932 war der Weg ins Endspiel übrigens nicht nur steinig, sondern auch höchst kompliziert. Als Meister der „Bezirksliga Main-Hessen, Gruppe Main" war die Eintracht berechtigt, an der „Runde der Meister der süddeutschen

Endspiel 1932 in Nürnberg: Der Münchner Torwart Lechler boxt Ehmer den Ball vor der Nase weg.

Abteilung, Gruppe Nord-West" teilzunehmen. In dieser Runde bekam sie es mit den Vertretern Württembergs, des Saarlands und von Rheinland-Pfalz zu tun. Die Eintracht wurde Tabellenerster und qualifizierte sich somit für das Endspiel um die Süddeutsche Meisterschaft. Das Endspiel fand am 1. Mai 1932 in Stuttgart gegen den FC Bayern München statt. Vor über 50 000 Zuschauern gewann die Eintracht mit 2:0 und wurde Süddeutscher Meister. In der zweiten Halbzeit geriet das Spiel außer Kontrolle, als die Bayern zweimal Elfmeter forderten, der Schiri jedoch weiter spielen ließ. Vor allem die Münchner Fans wurden nun ungehalten und einige von ihnen stürmten den Platz. Sie näherten sich dem verdutzten Schiedsrichter mit „erhobenen Stöcken", so dass dieser sich veranlasst sah, das Spiel nach 80 Minuten abzubrechen (übrigens gibt es keine Informationen darüber, ob sich der FC Bayern damals bei der Eintracht für den Auftritt seiner „so genannten Fans" entschuldigt hat, wie das die Eintracht 67 Jahre nach dem Pfeifenwurf gegen Effenberg getan hat). Sei´s drum, die Eintracht war Süddeutscher Meister und hatte jetzt die Möglichkeit, in der DFB-Meisterrunde auf den großen Traum von der „Deutschen Meisterschaft" hinzuarbeiten. Nach einem ungefährdeten 6:0 in der ersten Runde bei Hindenburg Allenstein besiegte man im Viertelfinale TeBe Berlin (3:1), im Halbfinale den FC Schalke (2:1) und schon stand man im Endspiel um die Deutsche Meisterschaft. Dort wartete am 12. Juni 1932 im Nürnberger Stadion ein altbekannter Gegner: der FC Bayern. Die Bayern hatten sich als Süddeutscher Vizemeister ebenfalls für die Meisterrunde qualifiziert und hatten diese erfolgreich abgeschlossen. Die Straßen zwischen Frankfurt und Nürnberg boten am 12. Juni 1932 ein buntes Bild. Zirka 3 000 Eintrachtfans machten sich auf den Weg zum Endspiel. In Zeiten der Weltwirtschaftskrise nahmen die Fans auch ausgefallene Transportmittel gerne in Kauf. So fuhren viele Fans auf der Ladefläche von unzähligen Lastwagen gen Nürnberg, andere legten die Distanz per Fahrrad zurück. Doch ähnlich wie der 16. Mai 1992 wurde auch der 12. Juni 1932 kein schöner Tag für die Eintracht-Fans. Nicht nur, dass ein Großteil der 55 000 Zuschauer im Stadion in Nürnberg den Bayern die Daumen drückte, die favorisierte Eintracht fand auch kein Mittel gegen den Gegner, den man noch einen Monat zuvor besiegt hatte. In der 34. Minute nahm der erste Akt des Frankfurter Meisterschaftsdebakels seinen Lauf. Die Abwehr brachte den Ball nicht rechtzeitig aus dem Strafraum, Stubb konnte einen Münchner Schuss nur mit der Hand auf der Linie abwehren und der Schiedsrichter entschied auf Elfmeter. Ossi Rohr verwandelte den Strafstoß zum 1:0 für die Bayern (Als hätte die Familie Rohr eine persönliche Abneigung gegen die Eintracht, heuerte der Neffe von jenem Ossi Rohr übrigens 1998 am Riederwald an und sorgte für negative Schlagzeilen).
Auch in der Folgezeit fand die Eintracht nicht zu ihrem Spiel, während die Bayern immer sicherer wurden. In der 75. Minute gelang Krumm mit dem 2:0 die Entscheidung. Bayern München wurde zum ersten Mal Deutscher Meister. Recht unverfroren befestigen heute noch einige Bayernfans bei jedem Heimspiel im Olympiastadion eine rot-weiße Fahne mit der Aufschrift „Meister 32" am Zaun der Südkurve – eine Zumutung für jeden Eintrachtfan.
Trotz der enttäuschenden Niederlage wurden die Eintrachtspieler am folgenden Tag in Frankfurt begeistert empfangen.

1933 – Der Traum vom Frankfurter Endspiel

1933 stand die Eintracht wieder in der Endrunde um die „Süddeutsche Meisterschaft". Hinter dem FSV Frankfurt, der später auch Süddeutscher Meister wurde, reichte es für die Eintracht zwar nur für Platz 2, aber über eine Qualifikationsrunde gelang doch noch der Sprung in die Endrunde um die Deutsche Meisterschaft. Und die Eintracht startete stark. Im Achtelfinale gab es ein ungefährdetes 4:1 beim HSV. Da auch der FSV sein erstes Spiel mit 6:1 beim Chemnitzer SV gewann, begann man am Main von einem „Frankfurter Endspiel" zu träumen. Aber während die Eintracht am Riederwald auch das Viertelfinale gegen Hindenburg Allenstein mit 12:2 gewann, verlor der FSV beim FC Schalke 04 mit 0:1. Das „Mainderby" hatte sich damit erledigt. Eine Woche später stand Frankfurt ganz ohne Finalteilnehmer da. Die Eintracht verlor das Halbfinale in Berlin gegen den späteren Deutschen Meister Fortuna Düsseldorf mit 0:4.

1953 – Fans stürmten das Stadion
Gut 20 Jahre nach der Niederlage gegen München träumte man in Frankfurt wieder vom Titel. Durch einen 4:1-Sieg gegen den KSC am letzten Spieltag der Saison wurde die Eintracht Süddeutscher Meister 1953. Mittlerweile war der Modus insofern geändert worden, als dass der Süddeutsche Meister in der Punkterunde ermittelt wurde. Die Eintracht musste sich also nur noch in der „Endrunde um die Deutsche Meisterschaft" für das Endspiel qualifizieren. Doch in der Gruppe I warteten schwere Gegner: der Süd-West-Meister FC Kaiserslautern und die beiden Vizemeister 1. FC Köln und Holstein Kiel. Das erste Spiel fand in Frankfurt gegen den FC Köln statt. Die Eintracht siegte vor 50 000 Zuschauern mit 2:0. Auch das zweite Spiel wurde mit 1:0 in Kiel gewonnen. Da auch die Lauterer ihre ersten beiden Spiele gewonnen hatten, musste die Entscheidung über die Finalteilnahme in den beiden Partien zwischen der SGE und dem FCK fallen. Das erste Spiel fand am 17. Mai 1953 im Frankfurter Stadion statt. Und das Zuschauerinteresse war riesengroß. Insgesamt wurden 68 000 Eintrittskarten verkauft, letztlich waren im Stadion aber wohl über 75 000 Fans. Bereits vormittags waren Zehntausende hinausgefahren, um sich noch eine der 7 000 für den Tagesverkauf zurückgehaltenen Stehplatzkarten zu sichern. Viele gingen leer aus, versuchten aber auf illegalem Weg ins Stadion zu gelangen. Einige lösten Eintrittskarten für das Schwimmbad und kletterten von dort aufs Stadiongelände. Andere drückte

Endrunde um die Deutsche Meisterschaft 1953: 1. FC Kaiserslautern gegen Eintracht Frankfurt (5:1). Adolf Bechtold und Fritz Walter begrüßen sich vor dem Spiel.

Zäune ein. Die Polizei versuchte mit Gummiknüppeln gegen die Massen vorzugehen, doch die Menschen wehrten sich. Insgesamt gab es an dem Tag rund um das Frankfurter Stadion zirka 200 Verletzte, die vom Roten Kreuz behandelt werden mussten.

Gegen 14 Uhr stürmten die Massen das Marathontor. Tausende drangen in den Innenraum ein und setzten sich auf die Tartanbahn. Das Spiel ging im allgemeinen Chaos erst einmal unter. Aber die Eintracht zeigte eine starke Leistung. Sie erspielte sich viele Chancen und ging am Ende doch als Verlierer vom Platz. Denn in der 65. Minute fälschte Wloka einen Schuss von Ottmar Walter unglücklich ab und der Ball sprang unhaltbar ins Frankfurter Tor. Damit war eine Vorentscheidung gefallen. Frankfurt war unglücklich geschlagen, die Meisterschaft fast gelaufen. Keiner der enttäuschten Fans konnte an jenem 17. Mai 1953 auf dem Nachhauseweg ahnen, dass auf den Tag genau 39 Jahre später sich auf dem Römer eine neue Generation enttäuschter Frankfurter versammeln würde, um ihrem Frust gemeinsam Ausdruck zu verleihen. Noch standen drei Spiele auf dem Programm und mit einem Sieg in Kaiserslautern konnte die Eintracht die letzte Chance wahren. Doch auch dort verlor man unglücklich. Die Eintracht zeigte zwar wiederum eine starke Leistung, lag aber nach zwei Doppelschlägen der Lauterer schnell mit 0:4 zurück. Am Ende gewann der FCK mit 5:1 und das Thema Meisterschaft war für die Eintracht gelaufen. Die letzten Gruppenspiele brachte die Mannschaft aber trotz der Enttäuschung noch anständig hinter sich (4:1 gegen Kiel, 0:0 in Köln) und wurde am Ende Gruppenzweiter.

1959 – Der größte Augenblick aller Zeiten (Hornby)

Die nächste große Gelegenheit, die Meisterschale an den Main zu holen, bot sich der Eintracht 1959. Am letzten Oberligaspieltag lag sie punktgleich mit dem OFC an der Tabellenspitze. Während der OFC sein Spiel verlor, siegte die Eintracht in Mannheim und wurde Süddeutscher Meister.

In der Endrunde traf man in der Gruppe 1 auf Bremen, Pirmasens und Köln. Und es gelang ein Traumstart. Auf den Tag genau 33 Jahre vor dem schwarzen Tag in Rostock siegte die Eintracht am 16. Mai 1959 im ersten Gruppenspiel mit 7:2 beim SV Werder Bremen. 42 000 Zuschauer staunten nicht schlecht, als ihre Bremer Mannschaft ein ums andere Mal ausgekontert wurde. Natürlich war ganz Frankfurt nach diesem Sieg im Meisterschaftswahn. Schließlich stand wieder einmal ein Spitzenspiel auf dem Programm. Denn der nächste Gegner, der FK Pirmasens, hatte ebenfalls sein erstes Spiel gewonnen und kam als Tabellenführer nach Frankfurt. Zum Glück war das Stadion 1955 vergrößert worden, so dass mittlerweile 80 000 Zuschauer Platz fanden. Eine Stürmung der Arena musste die Stadion GmbH diesmal also nicht befürchten. Trotzdem wurde in der Woche vor dem Spiel noch eine provisorische Tribüne aufgebaut. Und so sorgten am 23. Mai 1959 insgesamt 81 000 Zuschauer für den bis heute gültigen Zuschauerrekord im wunderschönen Waldstadion. Das Spiel gegen den FK Pirmasens gewann die Eintracht recht glücklich mit 3:2 und übernahm damit die Tabellenführung. Eine Woche nach dem Sieg über Pirmasens wurde die Tabellenführung erfolgreich verteidigt. Vor 65 000 Zuschauern wurde der FC Köln bei strömendem Regen im Waldstadion mit 2:1 geschlagen. Auch das Rückspiel in Köln wurde gewonnen. 4:2 hieß es am Schluss für die Eintracht, und als die Transistorradios verkündeten, dass der FK Pirmasens zur gleichen Zeit mit 2:5 in Bremen verloren hatte, stand quasi fest: Die Eintracht war nach 27 Jahren wieder im Endspiel um die Deutsche Meisterschaft. Die letzten rechnerischen Träumereien wurden den Pfälzern eine Woche später aus dem Kopf gekickt, mit 6:2 gewann man vor 50 000 Zuschauern (darunter 5 000 Frankfurter) in Ludwigshafen. Das Heimspiel gegen den SV Werder, dass die Eintracht mit 4:2 gewann, hatte nur noch statistischen Wert. Die Gedanken aller hessischen Fußballverrückten kreisten nur noch um das bevorstehende End-

DAS ROSTOCK-TRAUMA

Endspiel 1959: Feigenspan verwandelt den Elfmeter zum 3:2 für die Eintracht.

spiel. In der Gruppe 2 der Endrunde hatte sich nämlich kein Geringerer als der Nachbar von der anderen Mainseite für das Finale qualifiziert: Kickers Offenbach. Einziger Wermutstropfen bei diesem Traumendspiel war, dass der DFB frühzeitig Berlin als Spielort bestimmt hatte. Mit dieser Geste wollte man in Zeiten des Kalten Krieges die Verbundenheit der Bundesrepublik mit der Stadt Berlin ausdrücken. Für viele Fans war die weite, beschwerliche Reise an die Spree zu teuer, und so begleiteten dann auch nur zirka 4–5000 Eintrachtler ihre leicht favorisierte Mannschaft ins Olympiastadion. Die anderen drängelten sich in Frankfurter Gaststätten vor den Fernsehern oder hatten sich eine der begehrten Kinokarten gesichert. In einigen Kinos wurde das Spiel auf Großleinwand übertragen.
Im Olympiastadion, das damals 95000 Menschen Platz bot, hatten sich am 28. Juni 1959 lediglich 75000 Zuschauer eingefunden. Vielleicht hatten sich einige Fans von den Presseberichten abschrecken lassen, die verkündeten, dass dieses Endspiel wahrscheinlich kein großes werden würde. Eine weit verbreitete Meinung war, dass sich beide Mannschaften einfach zu gut kannten, um ein tolles Spiel zu bieten. Trotzdem herrschte in der Betonschüssel in Charlottenburg schon vor dem Spiel eine prächtige Stimmung. Um kurz vor 15 Uhr betraten die Mannschaften unter dem Jubel der Zuschauer das Feld. Die Eintracht spielte mit folgender Aufstellung: Loy, Eigenbrodt, Höfer, Stinka, Lutz, Weilbächer, Kreß, Sztani, Feigenspan, Lindner, Pfaff. Anders als beim Endspiel 1932, als man in den traditionell schwarz-rot gestreiften Trikots wenig Glück hatte, spielte das Team diesmal mit schwarzer Hose und weißem Trikot mit rotem Knopfsaum (hätte man bloß auch in Rostock an diese scheinbare Nebensächlichkeit gedacht!). Die Kickers kamen in lieblosen roten Trikots ohne Vereinsaufdruck daher. Um 15 Uhr pfiff Schiedsrichter Asmussen das Spiel an und 15 Sekunden später stand es 1:0 für die Eintracht. Lindner hatte zu Kreß gespielt, der überrannte auf der rechten Seite den Offenbacher Verteidiger Schultheiß, flankte in den Strafraum zu Sztani und der wiederum verwandelte direkt zur Frankfurter Führung. Bereits in der 7. Minute konnten der OFC ausgleichen. In der 12. Minute ging die Eintracht durch Feigenspan erneut in Führung, doch auch diesen Vorsprung konnten die Kickers durch Preisendörfer in der 22. Minute wieder ausgleichen. Danach fiel trotz guter Chancen auf beiden Seiten kein Tor mehr. So musste das Endspiel zum ersten Mal seit 1949 wieder in der Verlängerung entschieden wer-

den. Und die begann für die Eintracht wieder mit einem Paukenschlag. Der Offenbacher Lichtl hatte Kreß im Strafraum von den Beinen geholt und der Schiedsrichter zeigte, die Regelkunde befolgend, auf den Elfmeterpunkt. Feigenspan verwandelte zum 3:2, wobei Keeper Zimmermann mit den Fingerspitzen noch am Ball war. Nach der erneuten Führung gab die Eintracht im Spiel den Ton an und in der 107. Minute gelang Sztani das 4:2. Noch einmal konnten die Kickers in der 109. Minute auf 4:3 verkürzen. Doch als sie gegen Ende des Spiels alles nach vorne warfen, wurden sie von der Eintracht ausgekontert. In der 117. Minute durchbrach Kreß die aufgerückte Offenbacher Hintermannschaft, umspielte auch noch Torwart Zimmermann und legte den Ball dem in der Mitte freistehenden Feigenspan auf. Dieser streichelte die Kugel ins Tor und bescherte der Eintracht damit endgültig die lange erwartete erste Meisterschaft. Kurze Zeit später pfiff der Schiri ab, die Offenbacher hatten ihr Trauma und die Eintracht bekam nach kurzer Wartezeit die Meisterschale. Einigen Fans gelang es, über den damals schon existenten Graben vor den Blöcken im Olympiastadion in den Innenraum zu springen. Finstere, kahlgeschorene, unfreundliche Ordner eines örtlichen privaten Sicherheitsdienstes kannte man 1959 noch nicht. Die vor Ort weilende Polizei schickte zwar einige Fans wieder freundlich zurück in die Blöcke, die meisten durften aber mit der Mannschaft auf dem Platz feiern. Die Feier im Stadion war allerdings nicht zu vergleichen mit den Jubelarien, wie man sie von heutigen Meisterfeiern kennt. Es wurde ein Mannschaftsfoto mit Meisterschale geschossen,

Weilbächer, Feigenspan und Pfaff beim gemeinsamen Ständchen: So ein Tag, so wunderschön wie heute …

Frankfurter Neue Presse, 29. Juni 1959: Die Eintracht mit der Meisterschale.

danach drehte der Pulk Frankfurter eine Ehrenrunde und schon waren die Helden in den Katakomben verschwunden. Abends lud der DFB die beiden Endspielmannschaften zum Empfang, bei dem die Spielerfrauen vor der Tür warten mussten. Nach der offiziellen Feier zogen die Spieler, diesmal mit Frauen, in die Mazurka-Bar und zu „Resi" zum Tanz. Die vielen Frankfurter und Offenbacher Fans feierten indes rund um den Kuhdamm, wobei die Stimmung friedlich fröhlich (Frankfurt) und friedlich traurig (Offenbach) war. Von Aggressionen zwischen den beiden Fangruppen war an jenem 28. Juni 1959 in Berlin nichts zu spüren.

Am nächsten Tag flog das Team der Eintracht zurück nach Frankfurt. Und die gesamte Stadt stand Kopf. Zwischen 200 000 und 300 000 Menschen waren auf den Beinen, um den Deutschen Meister zu begrüßen. Die Spieler wurden auf zwei sechsspännigen Brauereifahrzeugen durch die fahnengeschmückte Stadt zum Römer gefahren. Dort gab es einen Empfang. Danach präsentierten die Helden die Meisterschale noch einmal vom Balkon des Römers. Den Abschluss des Abends bildete eine Eintracht-Feier im Zoo-Gesellschaftshaus, an dessen Ende die heimlich bestellten Mainzer Hofsänger mit der großen Eintracht-Gemeinde das Lied sangen, das die Mannschaft in der vergangenen Saison immer dann gesungen hatte, wenn sie wieder gewonnen hatte: „So ein Tag, so wunderschön wie heute".

1961 – Unglückliches Herzschlagfinale

Bereits zwei Jahre später stand die Eintracht wieder in der Endrunde um die Deutsche Meisterschaft. Gegner waren diesmal der FC Saarbrücken, Borussia Dortmund und der HSV. Doch bereits das erste Gruppenspiel brachte eine Enttäuschung. Die Eintracht, die in der Endrunde als ein Favorit gehandelt wurde, kam im Waldstadion nicht über ein 1:1 gegen Saarbrücken hinaus. Eine Woche später gelang in Dortmund ein überraschender 1:0-Sieg. Auch beim Titelverteidiger HSV führte die Eintracht lange Zeit mit 1:0. Wie man es allerdings auch heute noch kennt, vergaß die Mannschaft trotz überlegenen Spiels, das zweite Tor zu machen. Und in der zweiten Halbzeit bekam man die Quittung. Innerhalb von zehn Minuten machte der HSV aus dem Rückstand ein 2:1 und gewann das Spiel.

Im Rückspiel lief es genau umgekehrt. Die Eintracht ging in der 24. Minute durch Stein in Führung, doch ein Doppelschlag des HSV kurz vor der Pause verpasste der aufkommenden Euphorie einen gehörigen Dämpfer. Nach 45 Minuten führte der HSV in Frankfurt mit 2:1, was bedeutete, dass der Meisterschaftszug für die Eintracht erst einmal abgefahren war. Die Stimmung im Waldstadion wird in der Halbzeitpause des Spiels gegen den HSV wohl ähnlich gewesen sein wie nach dem 2:1-Führungstreffer des SV Werder Bremen am 9. Mai 1992. Die „Salatschüssel", wie sie damals noch nicht genannt wurde, war Lichtjahre von Frankfurt entfernt. Aber in der zweiten Halbzeit steigerte sich die Eintracht und konnte das Spiel noch umbiegen. Am Ende wurde der HSV mit 4:2 besiegt und 70 000 Zuschauer waren aus dem Häuschen: Man war wieder Tabellenführer der Gruppe 1.

Bereits vier Tage nach dem 4:2 gegen den HSV stand das nächste Spiel gegen den BVB an. Mit einem Sieg hätte die Eintracht für eine Vorentscheidung in Sachen Endspiel sorgen können. 68 000 Zuschauer waren erwartungsfroh ins Waldstadion gepilgert und sie wurden anfangs nicht enttäuscht. Die Eintracht zeigte ein starkes Spiel und ging in der 19. Minute mit 1:0 in Führung. In der 22. Minute kam es noch besser. Nach einem Foul an Stein zeigte der Schiedsrichter auf den Elfmeterpunkt. In diesen Sekunden träumte ganz Frankfurt vom Endspiel in Hannover. Aber Friedl Lutz verschoss den Elfmeter. Entsetzen machte sich breit. In der 32. Minute gelang der Borussia der Ausgleich und in der 72. Minute das 2:1. Damit war die Eintracht plötzlich nur noch Dritter. Aber die Hoffnung stirbt zuletzt ...

Am letzten Spieltag musste die Eintracht nach Saarbrücken reisen. Die Konstellation vor dem Spiel war folgende: durch einen Sieg des HSV in Dortmund wäre dieser im Endspiel, bei einem Unentschieden zwischen dem HSV und dem BVB und gleichzeitigem Sieg der SGE wäre Frankfurt im Finale. Bei einem Dortmunder und Frankfurter Sieg hingegen würde das Torverhältnis entscheiden, bei dem der BVB gegenüber der SGE leichte Vorteile hatte (12:10 gegenüber 8:7).
Am 18. Juni 1961 um 15 Uhr 45 stand Eintracht Frankfurt im Finale. Die Schiedsrichter hatten zur Halbzeit gepfiffen, die Eintracht führte mit 1:0 in Saarbrücken, der BVB mit 2:1 gegen den HSV.

Eintrittskarte für das Herzschlagfinale 1961: Am Ende fehlten der Eintracht zwei Tor, um ins Endspiel zu kommen.

Die zweite Halbzeit sollte sich dann ähnlich wie der Kampf um den Klassenerhalt 1999 gestalten. Zu den wichtigen Utensilien in den Stadien gehörten Radio, Baldriantropfen und Rechenmaschine. Besonders wichtig war die Rechenmaschine, weil die Tordifferenz 1961 recht eigenartig bewertet wurde. Die geschossenen Tore wurden einfach durch die gefangenen Tore geteilt und der Betrag wurde verglichen. In der 47. Minute erhöhte Stein auf 2:0 für die Eintracht. Frankfurt stand weiterhin im Endspiel. In der 56. Minute gelang dem FC Saarbrücken der Anschluß, was den Torequotient der Eintracht wieder unter des BVB drückte. Meier brachte die Eintracht mit seinem 3:1 in der 61. Minute wieder in Richtung Hannover. Zum gleichen Zeitpunkt gelang auch dem BVB das 3:1 gegen den HSV, aber der Torequotient war mit 1,37:1,36 immer noch auf Frankfurts Seite.
In der 69. Minute kam dann der Schock. Der Saarbrücker Vollmar traf zum 2:3. Außerdem fielen auch in Dortmund Tore. In der 83. Minute führte die Borussia bereits mit 6:2 gegen den HSV. Das Torverhältnis hatte sich zu Gunsten der Borussia gewendet. 1,5:1,22. Doch noch gab die Eintracht nicht auf. Und in der Schlussphase gelangen ihr wichtige Tore. In der 85. Minute traf Lutz zum 4:2 (Quotient 1.33), kurz darauf gelang Lindner das 5:2 (Quotient 1,44). Ein Tor fehlte, und die Eintracht wäre im Endspiel gewesen.
Es wäre zu schön gewesen, wenn es sich damals in der Radioschlusskonferenz etwa wie folgt angehört hätte: „Wo die Frankfurter Eintracht natürlich nach wie vor Druck macht, sie weiß, ein Tor kann wieder den Dortmunder BVB aus dem Rennen werfen, keine Frage, und sie kommen, jetzt wieder mit Lindner, in der Zentralposition, nur Krieger hat er noch vor sich, dann ist es Meier, der ist im Strafraum, und … Tooooor 6:2 – und damit ist wieder die Eintracht im Endspiel".
Doch leider musste Fußballfrankfurt auf ein solches Herzschlag-Happy-End noch 38 Jahre warten. In Saarbrücken blieb es beim 5:2 für die Eintracht und in Dortmund gelang der Borussia in der 89. Minute noch das 7:2. Damit war der Traum vom Endspiel in letzter Sekunde ausgeträumt. Eine Woche später besiegte der FC Nürnberg den BVB im Finale um die Deutsche Meisterschaft mit 3:0.
Letztmals qualifizierte sich die Eintracht 1962 für die Endrunde um die Deutsche Meisterschaft, scheiterte jedoch am späteren Meister FC Köln. Ein Jahr später startete die Bundesliga ihren Siegeszug durch Deutschland und auch dort sollte die Eintracht das ein oder andere Mal am Thron kratzen.

Artistisch schlägt Dieter Lindner den Ball aus dem Strafraum: Franz Beckenbauer (rechts) kann da nur staunen. Am Ende siegte die Eintracht in der Saison 1966/1967 mit 2:1 bei den Bayern.

1966/67 – Die falsche Eintracht wird Deutscher Meister

Zum ersten Mal geschah das in der Saison 1966/1967. Nach dem zweiten Spieltag war die Eintracht am 27. August 1966 zum ersten Mal Tabellenführer der Fußballbundesliga. Im Laufe der Saison lieferte sie sich einen spannenden Zweikampf mit dem Namensvetter aus Braunschweig. Das Problem der Frankfurter Eintracht war im Jahr 1966/1967 jedoch, dass sie die Patzer der Braunschweiger nicht für sich nutzen konnte. Außerdem gingen beide direkten Duelle verloren. In Frankfurt setzte es eine 0:1 Niederlage. In Braunschweig verlor Frankfurt sang- und klanglos mit 0:3. Gerade nach dem 0:3 in Braunschweig war der Meisterschaftszug scheinbar abgefahren, zumal die Eintracht auch die beiden folgenden Spiele nicht gewinnen konnte. Gegen Hannover 96 gab es nur ein mageres 3:3 und beim VFB Stuttgart verlor man gar mit 0:3. Aber nach der Niederlage beim VFB erholte sich die Eintracht, während Braunschweig in den folgenden Spielen Punkte verschenkte. Frankfurt holte aus den folgenden sechs Spielen 9 Punkte. Am 29. April 67 kam dann der FC Nürnberg ins Waldstadion. Am gleichen Tag verlor Braunschweig sein Heimspiel gegen Hannover 1996 mit 0:1. Mit einem Sieg gegen den Club wäre die SGE punktgleich mit Braunschweig. Doch trotz 20:1 Ecken verlor man am Ende deutlich mit 1:4 gegen den Club. Schuld an der Niederlage war allerdings nicht nur die Eintracht, die ihre spielerische Überlegenheit nicht in Tore ummünzen konnte. Schuld war für die Frankfurter Fans vor allem der Schiedsrichter. Dieser verweigerte der Eintracht im Spiel zwei klare Elfmeter und übersah beim 0:3 ein Nürnberger Handspiel. Bereits während dem Spiel flogen unzählige Flaschen auf das Spielfeld. Fans drangen in den Innenraum ein und sorgten dafür, dass das Spiel nur unter dem Schutz einer

dichten Polizeikette beendet werden konnte. Auch nach dem Spiel versuchten viele, dem Schiedsrichter an den Kragen zu gehen. In der Frankfurter Innenstadt wurde die Schaufensterscheibe einer Nürnberger Bank eingeschlagen.
Trotz des erneuten Rückschlags war unsere Eintracht eine Woche später wieder obenauf. Mit 2:0 wurde der HSV in Hamburg geschlagen und als aus Karlsruhe die Nachricht kam, dass der KSC mit 3:0 gegen Braunschweig gewonnen hatte, war klar: Beide Meisterschaftsanwärter waren drei Spieltage vor Saisonende punktgleich. Frankfurt träumte wieder vom Titel.
Doch bereits der nächste Spieltag brachte eine Vorentscheidung. Die Eintracht verlor mit 0:3 in Bremen, während Braunschweig gegen Gladbach nach einem 0:1-Rückstand in den letzten Minuten noch glücklich mit 2:1 gewann. Eine Woche später gab es im Waldstadion vor 41 000 Zuschauern nur ein 3:3 gegen Dortmund. Braunschweig patzte ebenfalls, beim Tabellenletzten Rot-Weiss Essen gab es nur ein 0:0. Aber auch der letzte Spieltag brachte keine positive Überraschung in Form eines haushohen Eintrachtsieges (Frankfurt) bei gleichzeitig deutlicher Braunschweiger Niederlage. Im Gegenteil: Braunschweig gewann sein letztes Spiel und wurde Deutscher Meister. Die Eintracht Frankfurt verlor bei 1860 München mit 2:1 und musste neben den Löwen, die Vizemeister wurden, auch noch den BVB an sich vorbei ziehen lassen. Mal wieder war die Enttäuschung in Frankfurt riesengroß.

1976/1977 – Die Saison ist zu kurz
Die goldenen Siebziger zählen zu den erfolgreichsten Jahren in der Vereinsgeschichte unserer Eintracht. Jahre, in denen die SGE allerdings auch kräftig an ihrem Image als „launische Diva" arbeitete. Oft genug folgten auf Siege gegen Tabellenführer Niederlagen bei Abstiegskandidaten. Immerhin zweimal holte die Eintracht den Pokal an den Main. Meister wurde sie auch in den Siebzigern nicht, obwohl das Saisonziel oft klar ausgegeben war. „Eintracht 70`, das ist im Grunde ein zehnjähriger Fehlversuch, das Tüpfelchen auf das „i" zu bringen" kommentierte der Kicker.
Auch in der Saison 1976/1977 war die Eintracht nah dran am Tüpfelchen. Zu Beginn der Saison sah das jedoch ganz anders aus. Die Eintracht startete mit dem ehemaligen Co-Trainer Roos in die Saison, nachdem Trainer Weise seinen Vertrag löste. Aber Roos hatte kein Glück. Von den ersten 12 Spielen verlor die Eintracht acht und stand auf einem Abstiegsplatz. Erstmals in ihrer Bundesligageschichte warf die Eintracht einen Trainer raus. Als dessen Nachfolger wurde Gyula Lorant präsentiert. Zwar verlor die SGE auch das erste Spiel unter dem neuen Trainer, aber danach startete sie zu einer Serie, wie sie die Bundesliga bis dato noch nicht gesehen hatte. Bis zum Saisonende blieb man in insgesamt 21 Spielen ungeschlagen und kletterte langsam, aber stetig in der Tabelle nach oben. Am 4. Dezember 1976 gewann man mit 3:0 in München, am 12. März 77 mit 3:1 beim amtierenden Meister Gladbach. Spätestens nach dem Sieg in Gladbach spürten die Borussen den Atem der Eintracht im Nacken. Und die Eintracht siegte weiter und weiter. Am Ende der Saison fehlten einfach ein bis zwei Spieltage zum absoluten Glück. Denn am 21. Mai 1977, nach dem letzten Spiel (ein 2:1-Sieg in Düsseldorf) war die Eintracht zwar nur Tabellenvierter, aber gerade mal zwei Punkte hinter dem alten und neuen Deutschen Meister, Borussia Mönchengladbach.

1989/90 – Leo beendet die Meisterschaftsträume
Die Saison 1989/1990 brachte für alle SGE-Fans eine positive Überraschung. Hatte sich die Eintracht im Sommer 89 erst in den Relegationsspielen retten können, spielte sie nun in der Bundesliga groß auf. In der Sommerpause hatte der neue Vizepräsident Bernd Hölzenbein unter dem Motto „Mit Hessen zurück an die Spitze" ein Team aufgebaut, die sich um die Heimkehrer

Eintracht läßt in München reihenweise Chancen aus

Jörn Andersen (Foto) versteht die Welt nicht mehr, wieder hatte er beim Bundesliga-Spitzenspiel in München eine von vielen klaren Torchancen vergeben. So gewann Bayern mit 1:0, und für Frankfurt sind die Titelträume vorläufig ausgeträumt. Foto: NP

Aus der Traum: Die Frankfurter Neue Presse vom 19. März 1990.

Uwe Bein und Ralf Falkenmayer scharte. Vollkommen überraschend setzte sich die Eintracht von Beginn der Saison an in der Spitzengruppe der Bundesliga fest. Mit einem 4:0-Heimerfolg gegen den VFL Bochum übernahm die Eintracht am 4. Spieltag erstmals die Tabellenführung. 25 000 Zuschauer sahen ein tolles Spiel und sorgten selbst für eine berauschende Kulisse. Am wunderschönen Abend des 16. August 1989 brauste zum ersten Mal die Welle durchs Stadion und die glückseligen Fans übten sich an dem fast vergessenen Lied „Deutscher Meister wird nur die SGE". Bis zum 7. Spieltag konnten die vollkommen vor den Kopf geschlagenen Fans das Gefühl näher kennenlernen, Tabellenführer zu sein. Danach ging es etwas bergab, aber am letzten Spieltag der Vorrunde machte man mit einem tollen 5:3 beim FC Köln wieder auf sich aufmerksam. Mitte Februar titelte die Bildzeitung nach einem überragenden 5:1 gegen den VFB Stuttgart: „Eintracht jagt Bayern". Und tatsächlich: Als am 17. März 1990 das Spiel beim FC Bayern anstand, lag die Eintracht gerade einmal zwei Punkte und sechs Tore hinter den Münchnern auf Platz zwei der Tabelle. Weit über 20 000 Eintrachtfans machten sich bei wunderschönem Frühlingswetter auf den Weg ins ausverkaufte Olympiastadion. Für viele, die keine Eintrittskarte mehr bekommen hatten, war der Olympiaturm die letzte Hoffnung. Mit einem Ticket für die Aussichtsplattform sicherten sie sich wenigstens einen minimalen Einblick ins Geschehen. Aber auch die Aussichtsplattform war irgendwann voll mit Menschen.

So beeindruckend wie das Auftreten der Fans war auch das Auftreten der Frankfurter Mannschaft. In der ersten halben Stunde bekamen die Bayern den Ball höchstens zu einem Abschlag zu sehen, ansonsten kombinierte die Eintracht wie der zukünftige Meister. Mehrere Chancen, deren Klarheit mit Worten kaum zu beschreiben ist, wurden vergeben und viele Fans werden sich beim Lesen dieser Zeilen noch einmal die Haare raufen, wenn sie daran denken, wie Andersen, Eckstein und Falkenmayer auf höchstem ästhetischem Niveau das Tor nicht trafen. Dass die Bayern am Ende mit 1:0 gewannen, kann nur auf einen rabenschwarzen Tag des Fußballgotts geschoben werden. In der 58. Minute gelangte nämlich ein relativ harmloser Ball vor das Frankfurter Tor, Uli Stein schrie „Leo" und suggerierte dem besser postierten Andersen, dass dies ein Ball für den Torhüter sei. Andersen verhielt sich wie befohlen und duckte sich. Allerdings hatte Uli Stein den Bayern Strunz übersehen, der die Frechheit besaß, die Frankfurter Fußballgala auf recht rustikale Weise mit einem Glückstor zugunsten des FC Bayern zu entscheiden.

Nach dem Spiel wurde die Eintracht zwar in allen Medien als der moralische Sieger und der „Meister von Morgen" gefeiert, der Titelzug für die Saison war jedoch auf höchst tragische Weise abgefahren. Trotzdem war auch der am Ende der Saison erreichte Dritte Platz eine Sensation. Die Eintracht hatte sich wieder einen Namen gemacht und Bernd Hölzenbein formulierte das Ziel für die kommenden Jahre: „Wir greifen die Bayern an."

1993/1994 – Bye-Bye Bayern

Auch nach dem Rostock-Trauma gab die Eintracht in Sachen Meisterschaft nicht auf. Gerade die Saison 1993/1994 wird in diesem Zusammenhang vielen Fans noch lange in Erinnerung bleiben. Der Start, der dem Team unter dem neuen Trainer Toppmöller gelang, war traumhaft. Nach elf Spielen standen 20:2 Punkte auf dem Punktekonto und bereits nach 15 Spielen war die Herbstmeisterschaft mit 5 Punkten Vorsprung geschafft. In dieser Zeit verkündete Toppmöller den mittlerweile legendären Satz „Bye-Bye-Bayern". Von wegen ... Aus den folgenden acht Spielen holte die Eintracht gerade mal zwei Punkte und auf einmal waren die Bayern wirklich weg. Allerdings anders, als es sich Toppmöller vorgestellt hatte. Das unangenehmste an unserem verehrten Verein ist jedoch, dass sich die Mannschaft den Fans nie als absolute Versagertruppe präsentiert. So auch im Frühjahr 1994. Plötzlich wurden wieder drei Spiele in Folge gewonnen. Die Fans, die sich in den Wochen zuvor in einem schwierigen Prozess einmal mehr vom Traum einer Meisterschaft gelöst hatten, begannen plötzlich wieder zu rechnen. Am 27. April 1993 trat die Eintracht vor 8000 Zuschauern beim VFB Leipzig in der 100 000 Mann-Betonschüssel Zentralstadion an. Ein Sieg beim Tabellenletzten konnte die Mannschaft wieder an die Tabellenspitze bringen. Genau diese Konstellation machte die Eintrachtfreunde schon vor Beginn des Spiels nervös. Und es kam, wie es viele befürchteten. Beim eigentlich hoffnungslos unterlegenen VFB setzte es eine 0:1 Niederlage. Gut eine Stunde nach Abpfiff und der scheinbaren Verabschiedung von den Meisterschaftsträumen gab es die einzig sportliche Leistung eines Frankfurters an diesem Tag. In verständlicher Wut rannte Axel Gonther vom EFC Griesheim wild schimpfend dem abfahrenden Mannschaftsbus hinterher. Die Spieler hatten für solch eine emotionale Reaktion allerdings nur ein mitleidvolles Lächeln übrig.

Aber irgendwie klebte die Schale, auf die alle so scharf waren, der Eintracht am Fuß. Nur in die Hand bekam sie sie einfach nicht. Einen Tag nach der Blamage von Leipzig strauchelten die Bayern. Die Eintracht fand sich sechs Spieltage vor Saisonende überraschend und unverschuldet wieder in einer guten Ausgangsposition. Erneut wurde gegen einen relativ schwachen Gegner alles vergeigt. Dem MSV Duisburg gelang am 1. Mai im Frankfurter Waldstadion in der 89. Minute das 2:1-Siegtor. Jetzt half nur noch ein Sieg bei den Bayern. Aber auch der gelang nicht. Die Bayern gewannen glücklich und Dank eines geschenkten Elfmeters mit 2:1 und an jenem 9. April 1994 verabschiedete sich Eintracht Frankfurt endlich und definitiv und bis zum heutigen Tag aus dem Meisterschaftsrennen. Die Querelen der Rückrunde fanden übrigens nach der Niederlage in München ihren Höhepunkt. Uli Stein und Klaus Toppmöller mußten den Verein verlassen. Immerhin gelang es dem Team unter „Interimstrainer" Charly Körbel, die Teilnahme am Uefa-Cup zu sichern. Frankfurt wurde zum Saisonende Fünfter.

BESPRITTET AUF ACHSE?
NUR MIT DER TAXE!!!!

TAXI RUF GEISELGANGSTER
06172-33044
Schruns–Oslo–Bilbao–1. Liga–2. Liga–Oberliga?
Scheißegal – wir fahren überall hin!!!
(Offenbach und Rostock nur gegen Zuschlag)

ALEX PFEIFFER GmbH

Bedachungen
Spenglerarbeiten
Gerüstbau

Neesbacher Strasse 17
65597 Hünfelden-Dauborn
Telefon: 06438/920180
Telefax: 06438/920182
e-mail: Info@Alex-Pfeiffer.de
Hompage: www.Alex-Pfeiffer.de

EIN SPIEGEL 2

TRAUMA – SPIEGEL DER FUSSBALLERISCHEN SEELE

DAS TRAUMA – EIN SPIEGEL DER FUSSBALLERISCHEN SEELE

Dr. Fedor Weiser, Jahrgang 1953, leitete bis 1994 das Frankfurter Fanprojekt. Seine Doktorarbeit verfasste er zum Thema „Fußball als Droge". Nach jahrelanger Tätigkeit in der Arbeit mit Abhängigen (Drogen- und Fußballfans) verfügt er über entsprechende therapeutische Kenntnisse. Er ist selbst seit frühester Kindheit nicht therapierbarer Eintrachtfan.

Von der rechten Torauslinie kommend drehte Matthias Hagner nach innen, umspielte auf engstem Raum zwei, drei Bayern-Spieler und schoss den Ball an Oliver Kahn vorbei ins Netz: 4:1 gewann die Eintracht am 4. November 1995 gegen Bayern München. Im ausverkauften Waldstadion war Partystimmung. Nachdem die Bayern in den 70er und 80er Jahren das Waldstadion 18 lange Bundesligajahre nacheinander nicht als Sieger verlassen konnten – sie wurden in dieser Zeit schon mal mit 4:0, mal mit 6:0 nach Hause geschickt – gab es Mitte der 90er Jahre nun eine neue, inzwischen fünf Jahre lange Serie.
Erstaunlich war, dass diese Serie selbst in der Saison 1995/1996 anhielt, als die Eintracht gegen andere Vereine so erfolglos spielte, dass sie schließlich auf dem vorletzten Tabellenplatz landete und erstmals aus der Bundesliga abstieg. Wenn es gegen die Bayern dennoch zu einem überzeugenden 4:1 reichte, dann kann das kaum an der Spielstärke der Mannschaft gelegen haben. Auch Matthias Hagner fristet heute nur ein Reservistendasein bei Greuther Fürth.
Die Spiele gegen Bayern München waren in Frankfurt immer etwas Besonderes. Wo man an seinem Stehplatz sonst immer reichlich Platz vorfand, spürte man jetzt um einen herum – vorne und hinten, rechts und links – dicht gedrängt die Ellbogen und Schultern der anderen Fans. Die Atmosphäre war so dicht, dass die Sprüche der Nachbarn, deren freudiges Aufrecken oder bedauerndes Zusammenzucken körperlich spürbar waren. Und es gab die Geschichten von früheren Spielen, Nickels sagenhaftes Eckballtor, natürlich kursierten Legenden. Wer bei früheren Spielen nicht dabei gewesen war, der wurde hier eingestimmt: Die Bayern dürfen in Frankfurt nicht gewinnen! Mehr als bei jedem anderen Gegner hat sich diese Atmosphäre gegen die Bayern zu einem Gefühl der kollektiven Stadiongemeinschaft verdichtet, die offenbar auch auf die Mannschaft einen besonderen Einfluss ausübte.
Zwar sind im Fußball einmalige Außenseitersiege – vor allem im DFB-Pokal – nicht selten, anhaltende Serien lohnen aber eine genauere Betrachtung. Dabei ist die Motivation gegen die erfolgsverwöhnten Bayern sicher besonders groß, gegen diesen Gegner gelangen früher auch zum Beispiel dem MSV Duisburg und dem 1. FC Kaiserslautern längere Serien. Waren diese Serien einmal gerissen und der Nimbus des Angstgegners zerstört, so setzte es in den Folgejahren meist weitere Heimniederlagen. Bei der Eintracht blieben es zwei: Die 18-jährige Serie wurde 1989/1990 durch ein 1:2 geknackt und im Jahr darauf – in dem die Eintracht sehr erfolgreich war und Vierter wurde – folgte gleich ein 1:4, bevor die neue fünfjährige Serie mit dem Abstiegsjahr 1996 endete.

Offenbar gibt es das im Fußball, dass sich – obwohl das Mannschaftsgefüge ständig wechselt – manche Ereignisse auch in veränderten Konstellationen neu einstellen, dass Wiederholungen vorkommen. Sportlich ist das nicht zu erklären, die fußballerischen Fähigkeiten geben hierfür kein Erklärungsmuster und das Fußballspiel selber lebt doch gerade von seinen Unberechenbarkeiten, die – an die Kapriolen eines mit Effekt geschlagenen Balles erinnernd – in der Redewendung „der Ball ist rund" zum Ausdruck kommen.

Aus dem Alltagsleben sind solche Wiederholungen vielfach bekannt. Wenn wir sie bei anderen Personen beobachten – wie zum Beispiel in Miss Sophies alljährlichem Festhalten, ein „Dinner for one" auszurichten – erscheinen sie oft liebenswert und amüsant. Wer aber beständig nicht „über seinen Schatten springen" kann und Verhaltensweisen auch dann wiederholt, wenn sie zu negativen Ergebnissen für einen selbst führen, bei dem muss von einem unbewältigten Grundkonflikt ausgegangen werden, der einem freien und – im Sinne der persönlichen Ziele – erfolgsorientierten Verhalten im Wege steht. Stellt die Erfahrung dieses Grundkonflikts für die Persönlichkeit insgesamt eine tiefgreifende Belastung dar, so bezeichnet man dies als Trauma.

In dem Jubiläumsbuch „Eintracht Frankfurt, 100 Jahre Fußball und mehr" beschrieb der Journalist Jan Christian Müller die Fans: „Die größte Enttäuschung ihrer Fan-Laufbahn hatten sie ohnehin schon allesamt hinter sich, wenn auch bis zum heutigen Tag und wohl noch weit ins nächste Jahrtausend hinein nicht gänzlich verarbeitet... Das `Rostock-Trauma´ wird in der verletzten Seele eines jeden wirklichen Eintracht-Fans bis an sein Lebensende tief drin stecken." Na ja, vielleicht ist mit etwas Aufarbeitung (oder durch sportlichen Erfolg?) Besserung auch vor dem Lebensabend noch in Sicht.

Vernunftbegabte Menschen versuchen Entwicklungen zunächst – ohne die Psychologie zu bemühen – in ihrem realistischen Gehalt zu verstehen. Auf Seiten des Managements hatte Bernd Hölzenbein bei der Verpflichtung neuer Spieler „vor Rostock" häufig ein glückliches Händchen bewiesen und konnte einige No-Name-Spieler – wie zum Beispiel Sippel, Weber und Yeboah – preiswert an die Mannschaft heranführen. War es denn nicht einfach nur Zufall, dass er anschließend weniger Glück besaß und daraufhin bei seinem Abgang einen überschuldeten Verein hinterließ?

Abgesehen davon, dass es klug gewesen wäre, in der Phase des sportlichen Erfolgs zum Beispiel in das Vereinsgelände am Riederwald zu investieren, hatte Bernd Hölzenbein einen hohen Schuldenstand vor allem deshalb zu verantworten, weil er den Spielern Gehälter gewährte, die eigentlich erst durch Europacup-Einnahmen gerechtfertigt gewesen wären. Diese zusätzlichen Mittel flossen aber – im UEFA-Pokal – nur noch bei wenigen Spielen, ohne dass die Gehaltsstruktur dem angepasst worden wäre. Nachdem Bernd Hölzenbein in Rostock noch die Meisterschaft und den Europapokal der Landesmeister unmittelbar vor Augen zu haben schien, hat er weder öffentlich die Geduld für einen Neuaufbau eingefordert, noch hat er diese selber besessen. Er konnte anschließend – trotz der ihm bekannten Haushaltslage – offenbar keine realistischen und bescheideneren Ziele formulieren. Ganz sicher: „Rostock" hat nachhaltig den Blick für Realitäten verstellt. Weil Bernd Hölzenbein dieses Konzept des Erzwingen-Wollens mit der Heynckes-Verpflichtung später noch auf die Spitze trieb und weil er bei der Verfolgung dieses Ziels mit dem Yeboah-Vertrag leider über die Grenzen seiner persönlichen Integrität – ein Höhepunkt der inneren Unfreiheit – hinaus ging, muss die verpasste Meisterschaft für das Vereinsmanagement eine traumatische Erfahrung bedeutet haben.

Auch auf Seiten der Spieler von Eintracht Frankfurt hat „Rostock" Spuren hinterlassen. Im Frühjahr 1992 war Lothar Matthäus, als Kapitän der deutschen Nationalmannschaft, gefragt worden, wem er bei der anstehenden Euro 1992 den internationalen Durchbruch zutraue. Matthäus

äußerte, dass er Manni Binz diese Rolle zutraue, der könne ähnlich wie Franco Baresi ein Spiel aus der Abwehr heraus aufziehen. Nach dem Rostocker Finale enttäuschte Binz bei der Euro auf ganzer Linie und saß überwiegend auf der Bank. Auch Andreas Möller galt damals als junger Hoffnungsträger. Berti Vogts hatte während der Schwedener Euro-Vorbereitungen in vielen Trainingseinheiten versucht, Möller als Offensivzentrale aufzubauen. Mit bescheidenem Erfolg und so neigen heute - mit den Erfahrungen der nachfolgenden zehn Jahre - viele SGE-Fans zu der Aussage: „Das waren Weicheier, mit denen konnte das nicht gut gehen."
Andererseits muss man sehen, dass Manni Binz Anfang 1992 einige sehr gute Länderspiele als Libero des amtierenden Weltmeisters gespielt hat. Wenn die Eintracht, wie viele Fachleute bestätigten, damals den „Fußball 2000" spielte, so lag das – neben den älteren Spielern wie Stein und Bein, sowie dem Ghanaer Yeboah – vor allem an diesen beiden jungen und aufstrebenden Spielern. Wäre die Eintracht 1992 Deutscher Meister geworden, dann hätten die beiden Frankfurter Jungs Erfolgsbewusstsein und Persönlichkeit gewonnen. Vielleicht wäre Möller, der später offensichtlich nirgendwo mehr heimisch wurde, bei der Eintracht geblieben.... . Fahrig wirkte doch auch zum Beispiel Klinsmann über viele Jahre und wo ist die „Persönlichkeit" von Matthäus? Erst die big points machen aus veranlagten, noch unsicheren Spielern große Fußballer. „Rostock", da bin ich sicher, hat auch Spielerkarrieren gebrochen.
Auf Seiten der Fans hat „Rostock" die Verehrung gegenüber den – bis zum letzten Bundesligaspieltag 1992 – so großartig auftrumpfenden Spielern teilweise in offene Verachtung („Weicheier") umschlagen lassen. Das haben die Spieler so nicht verdient, es ist Ausdruck enttäuschter Identifikation. In einem Unvermögen, „Rostock" als bedauerlichen Einschnitt für alle SGE-Beteiligten zu verstehen, drückt sich eine begrenzte (Fan-) Perspektive aus. Um das „Trauma von Rostock" für Fans zu verstehen, muss die Bedeutung der (Fan-) Identifikation etwas genauer nachvollzogen werden.
Bevor Kinder heute erstmalig ein Stadion besuchen, haben sie in aller Regel Bundesligaspiele vor dem Fernsehapparat angeschaut. Hier finden sie bereits fertig vorliegende Identifikationsangebote, wo für jeden etwas dabei ist: Die sympathisch-jungen, multikulturellen Kurzpassspieler des SC Freiburg, die großkopferten Branchenführer aus München oder die Kämpfernaturen des FC St. Pauli. Wer in seinem Hunger nach Identifikation auch sportlichen Erfolg vorfinden möchte, der kann sich zum Beispiel an dem tschechisch-brasilianischem Ensemble aus Dortmund erfreuen. Eine Entscheidung für die Eintracht fällt da viel schwerer: Die fünftgrößte Stadt Deutschlands, die Finanzmetropole Frankfurt, steht in der Fußballszene heute symbolisch für Missmanagement, überteuerte Spieler und häufige vereinsinterne Zwietracht. Mit dem sportlichen Niedergang seit Rostock, mit den bereits höchstmöglich abgetretenen Vereinsrechten an eine AG und dem dennoch fortbestehenden Finanzdesaster steht die Eintracht insgesamt so stark für anhaltenden Misserfolg, dass nachwachsende Fangenerationen aus dem Rhein/Main-Gebiet heute eine entwickelte Bereitschaft mitbringen müssen, auch dieses Looser-Image mit anzunehmen, wenn sie ihr Herz an die Eintracht binden.
Dabei würde der gegenwärtigen Frankfurter Fanszene nichts weniger gerecht, als das Bild einer freiwilligen Looser-Gemeinde: Es war nicht das Präsidium, sondern es waren Fans, die etwa darauf drängten, eine eigenständige „Fan- und Förderabteilung" innerhalb des Vereins zu gründen und es waren Fans, die nun für die Herausgabe dieses Buches sorgten.
Die Eintracht-Fanszene galt bis zum ersten Zweitliga-Abstieg nur in einem kleinen, überschaubaren Kern als sehr treu. Darüber hinaus war das Umfeld so wetterwendisch, wie es die Dienstleistungsstruktur der Stadt nahe zu legen schien (vgl. die erste systematische SGE-Fananalyse von Bott/Hartmann 1986: „Die Fans aus der Kurve"). Nach dem Abstieg 1996 entwickelte sich etwas

für alle Beteiligten Überraschendes: Nur wenige wandten sich ab, viele Neue kamen hinzu, vor allem bei Auswärtsfahrten wuchs ein Kern der Fanszene heran, dessen Zusammenhalt untereinander stieg und mit ihm die – auch nach außen vermittelte – Stimmung. Im traditionellen Fanblock (G-Block) wurden in diesem Zeitraum mitunter 20 Minuten andauernde Gesänge („Olé Super SGE", auf Go West) intoniert. Auf der Gegengeraden fand – jedenfalls als massenhaftes Phänomen – die Geburtsstunde der Ultras statt, die unter anderem mit beeindruckenden Choreographien auf sich aufmerksam machten. Wie die Gesänge nicht mehr unmittelbar auf Spielzüge oder gar den Spielstand – sie wurden auch bei Rückstand angestimmt – Bezug nahmen, so stellten auch die Stilmittel der Ultras vor allem eine Inszenierung von sich selber dar.

Zwar verstehen sich die Ultras als 100-prozentige Eintracht-Fans und erinnerten beispielsweise mit Busblockaden nach auswärtigen Niederlagen auch schon mal die Spieler – gegen eine Söldnermentalität – an ihre Pflicht, mehr zu kämpfen. Gerade in solchen Aktionsformen drückt sich aber eine kritischere Distanz zu den Akteuren aus, oder – positiv formuliert – ein stärker entwickeltes eigenes Selbst-Bewusstsein.

> ### Die Unfähigkeit zu siegen
> Von ***
>
> Rostock – Frankfurt 2:1.
>
>
> Uns fehlen die Worte.

Traumatisierte Kommentatoren: FAZ 17. Mai 1992

Nicht alles lag „an Rostock". Bereits in der Vergangenheit hatten Fußballfans – wie die Kehrseite einer Medaille – Entwicklungen des Fußballgeschehen mit geringem zeitlichen Abstand nachvollzogen: So machte die Professionalisierung der Stars nach der Bundesligagründung 1963 den klassischen Anhänger unzeitgemäß und brachte Anfang der 70er Jahre den „Fan" und entsprechende Fanclubs hervor. Die daraufhin einsetzenden häufigen Vereinswechsel der Spieler machten das traditionelle Fanideal der Vereinstreue unglaubwürdig und bildeten einen Teil des Nährbodens für die ebenso cool kalkulierenden Hooligans der 80er Jahre. Obwohl die Orientierung der Vereine auf den Fernsehmarkt strukturell zunächst mit einer Entwertung der Fans einherging (Anstoßzeiten, etc.), wurde auch die Medienfixierung auf der Fanseite rasch nachvollzogen, Ende der 90er Jahre wurde das Stadion mit Doppelstockhaltern und Choreographien als ihr Präsentationsort zueigen gemacht. Sicherlich ist dies auch ein Hintergrund dafür, dass bengalische Feuer – obwohl inzwischen alle wissen, wie gesundheitsschädlich sie sind – kaum aus den Stadien zu verbannen sind. Über diesen strukturellen Entwertungsprozess hinaus haben die Fans von Eintracht Frankfurt, die in relativ konstanter Formation zu Auswärtsspielen mitreisen, die besondere Erfahrung zu verkraften, dass ihre Fahrten nicht mehr nach Berlin und München, sondern zu den Vororten Babelsberg und Unterhaching führen.

Gegen diesen Prozess der Entwertungen haben Fußballfans unter anderem die Initiative „Pro 15:30" gegründet. In Frankfurt haben der G-Block und vor allem die Gegentribüne mit den Ultras öffentliches Gewicht bekommen. Als Horst Heldt, der „Spielmacher" der Abstiegssaison 2000/2001 seine Bereitschaft bekundete, die Eintracht aus der 2. Liga wieder nach oben führen

FAN- UND FÖRDERABTEILUNG
Eintracht
FRANKFURT

MITGLIED WERDEN!

Eintracht Frankfurt ist gleichbedeutend mit Tradition und Erfolgen, aber auch mit Niederlagen und Enttäuschungen. Das Wechselbad von Begeisterung und Enttäuschung hat über Jahrzehnte ein besonderes Band zu den Fans geknüpft, das die "Faszination Eintracht" kennzeichnet. Insbesondere nach dem ersten Bundesligaabstieg 1996 ist ein Fanumfeld entstanden, um das wir von vielen Bundesligavereinen beneidet werden.

Damit dies auch so bleibt, haben engagierte Mitglieder die Fanabteilung von Eintracht Frankfurt ins Leben gerufen. Unterstützt unsere Arbeit und werdet Mitglied - beim interessantesten Fußballverein Deutschlands!

Infos gibt es im Internet unter
http://www.fanabteilung.de

zu wollen, da ließen heftige Fanproteste dem Management nicht mehr die Möglichkeit, Horst Heldt noch eine echte Chance zu geben. Noch wuchtiger war die Antwort auf einen möglichen Teamchef Lothar Matthäus, der in Frankfurt nicht durchsetzbar gewesen wäre. Hier haben die Fans inzwischen eine „Caesarenhaltung" eingenommen, wo deren gesenkter oder gestreckter Daumen über das Schicksal von Profis entscheiden kann.

Es war eine Mischung aus anklagender Ohnmacht und bitterer Häme, die sich in dem Meer von Transparenten ausdrückte, das beim Abschiedsspiel aus der 1. Liga, am 19. Mai 2001 das gesamte Stadionoval in Atem hielt. Wer dazu bereit war, sich die Heimarbeiten der Fans genauer anzuschauen, der musste darüber erschrocken sein, wie fortgeschritten der Schaden an der Fan-Identifikation nach all den Jahren Misserfolg und Missmanagement inzwischen ist. Ich glaube, dass dieser beständig angewachsene Unmut von den verantwortlichen Akteuren inzwischen eine gehörige Portion an Selbstbewusstsein oder an Zynismus verlangt, um sich in seinen Entscheidungen nicht verrückt machen zu lassen. Ich frage mich, ob der bei der Mannschaft – jedenfalls bis zum Schreiben dieses Textes – bestehende Heimkomplex der Saison 2001/2002 nicht auch ein Ergebnis dieser besonderen Frankfurter Situation ist, die ich insofern für sportlich kontraproduktiv halte. Angesichts des – deshalb ausführlich beschriebenen - Entwertungsprozesses glaube ich aber, dass man den Fans hierfür nur die geringste „Schuld geben" kann und sehe daher in einer Aufarbeitung der „zehn Jahre nach Rostock" Sinn.

Um nicht missverstanden zu werden: Rein sportlich gesehen führten die jeweiligen Fanproteste sicher vernünftige Entscheidungen herbei und haben dabei auch mir aus dem Herzen gesprochen. Beim Schreiben dieser Zeilen sehe ich den Fansprecher Andres „Pferd" Hornung förmlich ausrufen: „Wir sind doch immer dabei. Die müssen doch nur machen, was wir ihnen sagen." Natürlich sollte der Fansprecher bei einem gut geführten Profiverein Einfluss nehmen können. Angesichts der permanenten Wechsel im SGE-Management und deren dauerhaft spürbarer Schwächen ist die beschriebene (Allmachts-) Haltung aber – jedenfalls auf die Breite der Fans bezogen – vor allem aus der Verzweiflung geboren, dass „von oben" so häufig nichts Vernünftiges erarbeitet wurde.

Im Grunde ist die Rolle des Fans zunächst stark auf das Zuschauen und Unterstützen der eigenen Mannschaft beschränkt. Wenn Fans sich darüber hinaus engagieren und eine eigenständige Fankultur entwickeln, dann können sie aus der Rolle von Abhängigen heraustreten und einen Persönlichkeitsgewinn erzielen. Dies ist in Frankfurt besonders stark entwickelt und auch eine Folge des sportlichen Niederganges, eine Folge „von Rostock".

Wer wollte sich in seinem Hunger nach Identifikation ausschließlich an den sportlichen Erfolg eines Vereins binden, der so häufige Misserfolge produziert? Wo die Hoffnungen, etwa nach dem 1. Liga-Aufstieg, schnell zu erkennbaren Durchhalteparolen verkümmerten, bis sie - sportlich wie finanziell gesehen – in einem jähen Erwachen endeten. Wäre die Eintracht erfolgreich und würde neben den Wochenendspielen auch unter der Woche im DFB-, im Liga- und im Europapokal antreten, bestünde dann noch Zeit für „Fankultur"? In der Psychologie werden Kulturleistungen häufig als eine Folge von Triebverzicht interpretiert. Tatsächlich besitzt beispielsweise die Bayern-Fanszene – die überwiegend in geglückter Versorgung schwelgen kann - zwar mehr organisierte Reisegruppen mit dem Namen Fanclub, aber deutlich weniger an eigenständiger Fankultur.

Grundsätzlich ist es nicht gerade überraschend, dass der sportliche Niedergang und die Serie von Enttäuschungen auf Seiten der Fans für Identifikationsbrüche gesorgt hat und Sinnstiftendes daraufhin verstärkt im Zusammenwirken der eigenen Szene gesucht wird. Weil sich in diesem Wunsch – nicht nur Abziehbild des sportlichen Misserfolgs zu sein und sich stattdessen vor allem über eigene Beiträge zu definieren – aber auch eine „Befangenheit von Rostock" ausdrücken kann, will ich hier zwei Frankfurter Fan-Besonderheiten noch kurz ansprechen: Während es bei Fanzines bundesweit ein ständiges Kommen und Gehen gibt, verdankt die Frankfurter Zeitung „Fan geht vor" ihren hohen Standard und ihre mehrfachen bundesweiten Auszeichnungen vor allem der großen personellen Kontinuität, mit der über den Zeitraum der letzten gut zehn Jahre gearbeitet werden konnte. Die verantwortlichen Sportdezernenten der Stadt, die polizeilichen Einsatzleiter, die Mitarbeiter des Fanprojekts, vor allem aber das Vereins-Management und die Spieler – sie waren im Unterschied zu Fans in Frankfurt alle nur von kurzer Haltbarkeitsdauer. Müssen Fans „nach Rostock" bis zu einer tatsächlichen Meisterfeier durchhalten?

Ist es nur Zufall, dass die Frankfurter Ultras seit Mitte der 90er Jahre eine Entwicklung vollzogen haben, die sie aufgrund ihres Engagements, ihrer Kreativität und ihres Facettenreichtums in ihrer Szene bundesweit zu einem Vorbild werden ließ?

Zusammengefasst glaube ich, dass viele Fans das Gefühl nicht loslässt, in Rostock etwas vorenthalten bekommen zu haben, auf das sie eigentlich Anspruch besitzen (es hätte Elfmeter geben müssen). So fühlt man sich um das Erlebnis betrogen, eine Deutsche Meisterschaft – wie die Generation der eigenen Väter im Jahr 1959 – feiern zu können und sich mit breiter Brust („wir sind wer") vom Looser-Image zu befreien. Weil diese Erfüllung versagt blieb, kann man sich nicht gesättigt und zufrieden abwenden, sondern bleibt fixiert. Dabei hat die Identifikation während des anhaltenden sportlichen Niederganges zu Ersatzhandlungen im Bereich der „Fankultur" geführt.

Die persönlichen Beiträge, die für die Frankfurter Fankultur geleistet werden, will ich keinesfalls entwerten, mir selber hat es meistens viel Freude gemacht, sie zu beobachten, oder – jedenfalls vor einiger Zeit – auch an der einen oder anderen stimmungsvollen Aktion teilzuhaben. Ich glaube aber, dass es den jeweiligen Akteuren auch helfen kann, sich ein Bild über die Hintergründe ihrer persönlichen Entwicklung zu machen. So lange die „Kulturleistungen Spaß machen, profitiert die Fanszene davon und sind eigene Reifungsprozesse möglich. In der Fixierung – als Dienst an der Eintracht – aber sind Wiederholungen wahrscheinlich. Für die Verarbeitung des sportlichen Niedergangs aber sind vor allem bedauernde, traurige Gefühle angemessen und müssen von Eintracht-Fans ertragen werden. Das ist in der Männer-Fanszene nicht einfach, schnell liegt hier die trotzige Haltung „Wir kommen wieder" nahe. Wenn dies in der sportlichen Realität nicht gelingt, wird die Geste hohl und das unbearbeitete Erlebnis kann (traumatisch) nachwirken. In Rostock und nach den beiden Abstiegen sind reichlich Tränen geflossen, war es nicht aber so, dass nach dem 5:1 gegen Kaiserslautern noch mehr Fans „übermannt" waren?

So bleibt abschließend den Eintracht-Fans zu wünschen, dass sie mit ihrem Identifikationshunger – der „nach Rostock" in seiner Ausformung Veränderungen erfuhr – künftig wieder weniger „giftige Substanz" aufnehmen. Die Eintracht, das ist auch Grabowski, Hölzenbein und Nickel, ist Detari, Möller und Bein, da gab es die vier DFB-Pokal-Erfolge und den UEFA-Cup-Sieg von 1980. Die Vergangenheit ist nicht nur „Rostock". Und wenn 1992 auch der sportliche Erfolg ausblieb, so stand die Eintracht – und das in ihrer Geschichte immer wieder – doch für die Schönheit und Genialität von Spielzügen.

Eine Schwierigkeit liegt heute in der langen Dauer des Niedergangs. Dennoch gehört es zum Sport, nach Niederlagen wieder aufzustehen: Das nächste Spiel ist in seinem Ausgang nicht berechenbar. Für die Bearbeitung von Traumen können sowohl Aufarbeitung als auch neue Erfahrungen gleichermaßen hilfreich sein.

DIE MANNSCHAFT

3

DAS ROSTOCK-TRAUMA

Wer in Frankfurt kennt sie nicht, Richard Kreß, Egon Loy, Hans Weilbächer, Dieter Stinka, Alfred Pfaff und all die anderen der Meistermannschaft von 1959. Durch ihren wunderbaren 5:3 Erfolg gegen die Offenbacher Kickers brannten sich ihre Namen in die Herzen aller Eintrachtfreunde und machten sie unsterblich.

33 Jahre später sollte es wieder so weit sein. Die Mannschaft spielte den Fußball der Zukunft, dass allen Fußballfreunden das Herz im Leibe lachte. Es fehlten nur noch 90 Minuten bis zur Krönung. Fest terminiert auf den 16. Mai 1992 um 17 Uhr 15 Uhr in Rostock....

Gekrönt werden sollten:

Jörn Andersen
Der große blonde Norweger kam 1988 das erste Mal zur Eintracht und feierte in der Saison 1989/1990 seinen wohl größten persönlichen Erfolg, als er im schwarz-roten Jersey mit 18 Treffern Torschützenkönig der Liga wurde. Nach einem enttäuschenden Gastspiel in Düsseldorf wechselte er dank Bernd Hölzenbein während der laufenden Saison 1991/1992 zurück zur Eintracht und fügte sich gleich im ersten Spiel bei den Bayern mit zwei Treffern nahtlos ein. Insgesamt sollten es in der Saison neun Treffer werden. Noch während seiner aktiven Zeit im Hessenland eröffnete er einen Sportshop im Frankfurter Stadtteil Höchst. In der letzten Saison war er Spielertrainer des FC Locarno am Lago Maggiore in der Schweiz.

Uwe Bein
Unbestritten gehört Uwe Bein in der Reihe überragender Mittelfeldspieler, die für die Eintracht die Stiefel schnürten, zu den ganz Großen. Trotz seiner frühen Jahre bei den unaussprechlichen Nachbarn von der anderen Mainseite, entwickelte er sich zu einem technisch feinen Mittelfeld-

spieler, dessen Spiel man ansah, wie viel Spaß Fußball machen kann. Seine größte Zeit als Sportler erlebte der Meister des tödlichen Passes bei der Eintracht, gekrönt vom Weltmeistertitel 1990 in Italien (noch heute ärgern wir uns, dass Franz Beckenbauer ihn trotz hervorragender Leistungen auf einmal gegen die Engländer nicht mehr brachte) aber leider nicht von der verdienten Meisterschaft 1992. In dieser Saison stand Uwe Bein 34-mal in der Anfangsformation und erzielte acht Tore. In der Rückrunde konnte er wegen Verletzungen und Leistenproblemen kaum noch trainieren, auf'm Platz war er aber immer da.

Von der Eintracht zog es ihn 1994 nach Japan, bevor es ihn 1996 wieder zurück in seine osthessische Heimat verschlug, wo er heute, nach einem kurzen Gastspiel beim VFB Gießen, eine Fußballschule betreibt.

Uwe Bindewald
Uwe Bindewald ist der einzige Spieler aus dem damaligen Kader, der heute noch für die Eintracht spielt. Bei ihm schlug sich bedauerlicherweise die Zeit beim OFC auf die technischen Fertigkeiten ein wenig nieder, jedoch kompensierte er dies leicht über eine enorm hohe Leistungsbereitschaft, die ihn sogar einmal verdientermaßen in den erweiterten Nationalmannschaftskader führte. In der gesamten Bundesliga gibt es kaum einen Spieler, der so zweikampfstark ist

wie er. Alle Trainer, und das waren viele, die mit der Vorstellung zur Eintracht kamen, ihn für einen vermeintlich Spielstärkeren aus der Mannschaft zu nehmen, mussten sich meistens schon in der Vorbereitung eines Besseren belehren lassen. In der 1992er Saison hatte er nach Uli Stein, Manni Binz und Andi Möller mit 36 Spielen die meisten Einsätze. Den unglücklichsten wahrscheinlich mit seinem Eigentor bei der 0:1 Niederlage im Waldstadion gegen Leverkusen, als die Eintracht locker zweistellig hätte gewinnen können. (Das ist Fußball: alles redet über sein Eigentor, keiner über die vergebenen Chancen.)
Kurz vor Saisonende hatte sich „Mr. Zuverlässig" verletzt, jedoch biss er sich durch und lief im Ostseestadion wieder auf.

Manfred Binz

Manni Binz ist der „Mr. Noch-Zuverlässiger" der Eintracht gewesen, was sich widerspiegelt in der längsten Serie ununterbrochener Einsätze als Feldspieler in der Bundesliga. Auch 1991/1992 absolvierte unser Bockenheimer Bub alle 38 Spiele von der ersten bis zur letzten Minute. Der Fußball 2000, den die Eintracht zelebrierte und zu dessen Perfektion Manni die passgenaue und offensive Spieleröffnung als Libero beitrug, führte ihn nach der Saison in den Europameisterschaftskader der Nationalmannschaft. Vier Tore und eine Reihe von Torvorlagen machten Binz zum offensiv- und spielstärksten Abwehrspieler der Liga. Insgesamt war er 17 Jahre am Riederwald, spielte in der Jugend – hier wurde er wenigstens einmal Deutscher Meister – bevor er über die Amateure in den Profikader aufrückte. 1996 verließ er die Eintracht, um über Brescia und Borussia Dortmund bei den Offenbacher Kickers zu landen.
Tröstlich ist, dass der dortige Verein beim mittlerweile 35-jährigen Binz zumindest fußballerisch nichts mehr kaputt machen kann.

Ralf Falkenmayer

Die „Erbs", wie er in frühen Jugendjahren genannt wurde, wurde in seiner Bedeutung für die Spielweise und den Erfolg der Eintracht 2000 oftmals unterschätzt. Mit Sicherheit gab es bei der Eintracht keinen Spieler, der so viele Bälle abgelaufen und abgefangen hat und dann konstruktiv weitergespielt hat, wie er. Groß geworden beim SV Niederursel kam auch er schon in der Jugend zur Eintracht und wurde hier als „Falke", ausgestattet mit einem fußballerischem Auge, dass seinem Spitznamen alle Ehre machte, Nationalspieler.
Im Grunde war Falke ab 1979 15 Jahre bei der Eintracht, nur unterbrochen von einem zweijährigen Gastspiel bei der Bayer Betriebsmannschaft. Bei 33 Einsätzen in der Saison 1991/1992 erzielte er vier Tore und gehörte zum unverzichtbaren Stamm der Mannschaft. In Rostock war er neben Ralf Weber mit Sicherheit der stärkste Spieler.
Nachdem es am Ende seiner Laufbahn einigen Ärger mit den damaligen Verantwortlichen der Eintracht gegeben hat, die sich nicht mehr

daran erinnern konnten, Ralf eine Aufgabe im Verein zugesagt zu haben, trainiert er nun doch als Co-Trainer das U16 Team der SGE.

Heinz Gründel

Der schöne Heinz, technisch stark und immer braungebrannt, kam 1988 vom HSV zur Eintracht. In der Saison 1991/1992 kam er trotz seiner fußballerischen Klasse nur 14-mal zum Einsatz (1 Tor). Das lag unter anderem auch daran, dass Stepi ihn als einen der sogenannten Rebellen des öfteren auf die Tribüne setzte. Gegen Ende der Saison war der Heinz auf einmal wieder in der Mannschaft und machte eine Reihe von hervorragenden Spielen. Mit großer Sicherheit hätte er auch am 16. Mai in der Anfangself gestanden, wenn er sich nicht unglücklicherweise gegen Bremen verletzt hätte.
Heute sieht er immer noch so aus wie eh und je und passend dazu betreibt er eine Nachtbar in Hamburg.

Michael Klein

Noch ein Frankfurter Bub des damaligen Kaders, der deutlich macht, dass Bernd Hölzenbein seinen Plan, verstärkt örtliche Talente ins Team einzubauen, konsequent und erfolgreich verfolgt hatte. Groß geworden in der Jugend der SG Höchst blieb Michael Klein bei all seinen Stationen dem schönen Hessenland treu. Bei allen vier großen Rhein-Main-Traditionsvereinen schnürte er mal seine Schuhe. Für die Eintracht in der Rostock-Saison insgesamt 16-mal. Nachdem er sich auch im vierten Jahr nicht richtig durchsetzen konnte, verließ er die SGE 1993. Heute trainiert er als Spielertrainer den SV Zellhausen.

André Köhler

Er stieß kurz nach der Wende zur Eintracht, machte damals vier Spiele und verschwand wieder. Seit 1995 Sportinvalide.

Axel Kruse

Die längste Zeit seiner Karriere verbrachte Axel Kruse bei Hansa Rostock, was den Ausschlag für seine Nominierung für das letzte Spiel gegeben haben soll. Stepi erhoffte sich an altbekannter Stätte eine entsprechend motivierte Leistung des großen Boxfans. Axel Kruse war sicher kein Einfacher, nicht überraschend zählte auch er zu den Rebellen der 1991/1992er Saison. In nur 14 Spielen erzielte er insgesamt fünf Tore und durch sein 1:1 im letzten Spiel ließ er die Glut der Hoffnung noch ein wenig intensiver glühen. In der Frankfurter Fanszene, insbesondere bei Adlerfront und Preßwerk war Axel Kruse sehr beliebt, weil er bei einem Besuch dort überhaupt keine Berührungsängste gezeigt hatte. Er beendete 1998 seine Karriere bei Hertha BSC Berlin und führt seitdem in Berlin die Axel Kruse Sportsbar.

Thomas Lasser

Auch er ein Frankfurter Bub, der leider den richtigen Durchbruch am Riederwald nicht geschafft hat. Kam schon in der Jugend zu den Adlerträgern und galt als ein großes Talent auf der linken

Seite. Machte insgesamt sechs Spiele und verließ den Verein nach der Saison. Zuletzt spielte er noch für den FSV Frankfurt.

Andreas Möller

Schon in der Jugend beim BSC Schwarz-Weiß 1919 gefördert vom unglückseligen „Schwarzen Abt", wechselten beide gemeinsam 1981 in die Jugendabteilung zur SGE. Im Streit ging Andreas Möller 1988 zum BVB bis ihn Bernd Hölzenbein zwei Jahre später zurück an den Riederwald holte. Um ihn und seinen Berater Klaus Gerster gab es in den Medien ständig Theater wegen dauernder Spekulationen über einen Wechsel nach Italien.

Auf dem Platz spielte Möller in der Rostock-Saison jedoch eine überragende Rolle, stand bis auf ein Spiel immer in der Anfangsformation und erzielte insgesamt zwölf Treffer.

Obwohl er noch während der Saison verlauten ließ, er habe eine moralische Verpflichtung bei der Eintracht zu bleiben, wechselte Andi Möller nach der Runde zur alten Dame Juve nach Italien. Weil er hiermit eine vertragliche Abmachung brach, sollte er fünf Millionen Mark Vertragsstrafe berappen. Nach einem jahrelangen Rechtsstreit erhielt die Eintracht am Ende immerhin 3,2 Millionen Mark.

Nach seinem Juve-Gastspiel landete Möller wieder in Dortmund, wo er mit der Deutschen Meisterschaft, dem Europapokal- und dem Weltpokalsieg seine wahrscheinlich größten sportlichen Erfolge feierte. In diese Zeit fiel auch der Gewinn der Europameisterschaft 1996 mit der Nationalmannschaft. Schon 1990 stand er im Weltmeisterschaftskader. Zur Zeit spielt er bei Schalke 04.

Frank Möller

Durch glückliche Umstände, hätte er, der insgesamt nur 13-mal in dieser Saison auflief, in Frankfurt unsterblich werden können, stand er doch überraschenderweise in der Anfangsformation des Endspiels im Ostseestadion. Zumal er erst während der Winterpause von Mainz 05 zur SGE gewechselt war.

Leider wurde das ja nichts und viele haben Frank Möller deswegen einfach vergessen.

1995 musste er seine Fußballkarriere auf Grund einer Verletzung beenden.

Norbert Nachtweih

Gemeinsam mit Jürgen Pahl flüchtete Norbert Nachtweih 1976 aus der DDR in den Westen an den Riederwald im Frankfurter Osten. Mit dem Pokalsieg 1981 und dem UEFA-Pokalsieg 1980 feierte er zwei große Erfolge mit der Eintracht, bevor er für sieben Jahre bei den Bayern seinen Anker festmachte.

Über den Umweg Cannes kam er zu Beginn der Saison zurück, aber nach nur drei Spielen zog es ihn schon in der Winterpause an den Waldhof nach Mannheim. Zum Ausklang seiner sportlichen Karriere schnürte er in der Region noch für Bernbach und Schwalbach seine Kickstiefel. Heute organisiert er ab und an eine Fußballschule und seit kurzem trainiert er die A-Jugend des FK Pirmasens.

Dietmar Roth

Dietmar Roth kam 1987 von FC Schalke 04 zur Frankfurter Eintracht und wechselte erst zehn Jahre später zum FSV Frankfurt. Sein größter Erfolg mit der Eintracht war der Pokalsieg 1988 gegen den VFL Bochum. Als einer der besten Abwehrspieler jener Tage war Dietmar Roth aus dem Stammkader der SGE lange Jahre nicht wegzudenken. In der Fußball 2000-Saison lief er insgesamt 35-mal auf und erzielte zwei Tore.

Über seine FSV-Kontakte baute er sich sein nachfußballerisches Standbein auf, ein Autohaus an der Friedberger Landstrasse. Neuerdings arbeitet er als Scout für einen dubiosen Fußballfonds.

Edgar Schmitt

Mit der Empfehlung von 36 Toren für Eintracht Trier holte Stepi den Stürmer von seinem Ex-Klub an den Riederwald, wo er eigentlich erst in der folgenden Saison so richtig zum Zuge kam. Das Spiel in Rostock war erst sein siebter Einsatz, der aber fast in die Geschichtsbücher eingegangen wäre. Mitte der zweiten Halbzeit eingewechselt, hätte er kurz vor Schluss beinahe seine Ankündigung in die Tat umgesetzt, nach der er sich sicher war, das entscheidende Tor im Meisterschaftskampf zu erzielen. Aber wie wir alle wissen traf er in der 85. Minute leider nur den Innenpfosten. Durch überragende Europapokalspiele (unter anderem vier Tore gegen Valencia) für den KSC wurde Euro-Eddy in ganz Deutschland bekannt. Seit 2001 ist er Spielertrainer beim FC Bitburg.

Lothar Sippel

Wahrscheinlich ist Lothar Sippel der erfolgreichste Joker der Bundesligageschichte. Die meisten seiner 14 Tore erzielte er nach Einwechselungen. Zwar zählte auch er zeitweise zu den Rebellen, aber Stepi nahm ihn nie wirklich aus dem Kader. Gekommen von Hessen Kassel war die Saison 1991/1992 sein großer Durchbruch, wobei anzumerken ist, dass er bei seinen folgenden Stationen niemals wieder ähnlich oft getroffen hat.

Das letzte uns bekannte Lebenszeichen kam aus Österreich, wo er in der Saison 1997/1998 für Vienna Wien stürmte.

Ulrich Stein

Das Idol vieler Eintracht-Fans spaltete die Gemüter. Unbestritten war er zu seiner Zeit sicher der beste deutsche Torwart. Doch weil er sich oftmals selbst im Wege stand, feierte er, gemessen an seinem Können, nur wenige große Erfolge. Mit dem HSV wurde er Deutscher Meister und Europapokalsieger, mit der Eintracht holte er den DFB-Pokal, mehr gewann er jedoch nicht – bei der Eintracht aus in diesem Buch dokumentierten Gründen.

1987 vom HSV zur Eintracht gestoßen, sollte Frankfurt die längste Station seiner Karriere werden. Logischerweise absolvierte der Kapitän

der Mannschaft – genau wie Manni Binz – alle Spiele von der ersten bis zur letzten Minute. 1994 musste er, nachdem sich die Mannschaft gegen ihn ausgesprochen hatte, den Verein verlassen. Trainer Klaus Toppmöller ging gleich mit ihm mit.
Im Herbst letzten Jahres tauchte Uli Stein plötzlich wieder in der Presse auf, als er bei Kickers Emden nochmals für ein Spiel den Kasten hütete.

Stefan Studer
Der letzte der sogenannten Rebellen hatte sich bereits in den Jahren zuvor durch seine disziplinierte und offensive Spielweise auf der linken Seite in den Blickpunkt gespielt. Nach einigen Stationen im Norden spielte er von 1988 bis 1993 bei der SGE, bevor er wieder zurück zum HSV und später sogar zu Hansa Rostock wechselte. In der dortigen Stadionzeitung konnten wir dann lesen, dass der 16. Mai 1992 auch für Stefan Studer der schwärzeste Tag seiner Karriere gewesen ist, obwohl er damals verletzt war und nicht einmal auf der Auswechselbank saß.
Seit 1998 ist er Trainer vom VSV Hedendorf/Neukloster.

Ralf Weber
Er brachte von den Unaussprechlichen vom Bieberer Berg die unbändige Kampfkraft mit, die ihn, angereichert durch die Eintracht-Spielkunst, schließlich zum Nationalspieler machte. Insgesamt zwölf Jahre hielt Ralf Weber für uns im wahrsten Sinne des Wortes die Knochen hin, bis er letztes Jahr für einen Spieler seiner Verdienste – typisch Eintracht – absolut unwürdig abserviert wurde. Es dauerte lange bis Weber bei den Fans das Stigma des Offenbachers los war. Durch seine sportliche Leistung in Rostock aber noch vielmehr durch seine Trauer und seine Wut, die darin gipfelte, dass er eine Fernsehkamera unbrauchbar machte, sprach er vielen Fans aus dem und sich selbst in viele Fan-Herzen.

Dirk Wolf
Gekommen aus der eigenen Jugend ließ Wolf schon in seiner ersten Saison sein großes Talent aufblitzen, in der er neunmal auflief und die fast mit dem Meistertitel gekrönt worden wäre. Durch viele Verletzungen konnte er sein großes Talent nie entfalten, nicht in Mönchengladbach und auch nicht beim FC St. Pauli, wo er zuletzt unter Vertrag stand. Derzeit beim FSV Frankfurt.

Anthony Yeboah
Nachdem er uns in der Relegation 1988/89 mit Saarbrücken fast in die zweite Liga geschossen hatte, kam er ein Jahr später an den Riederwald und setzte sich hier in den folgenden Jahren ein Denkmal. Zweimal wurde er als Spieler der Eintracht Bundesliga-Torschützenkönig und wir deshalb zu „Zeugen Yeboahs". In 123 Spielen schoss er insgesamt 68 Tore. Anthony Yeboah entfachte durch seine sportlichen Leistungen und durch seine ausgesprochenen Freundlichkeit rund um das Waldstadion eine unglaubliche Euphorie. Als er mit Ghana ein Freundschaftsspiel gegen die deutsche Nationalmannschaft absolvierte, fuhren die Eintracht-Fans gemeinsam mit der Ghana-Union zum Spielort nach Bochum und feuerten die Westafrikaner an. Als Jupp Heynckes zu

Beginn der Saison 1994/1995 ankündigte, dass ab jetzt die Uhren bei der Eintracht anders ticke würden, jubelten ihm die Massen noch zu. Keiner konnte sich zu diesem Zeitpunkt vorstellen, dass für Yeboah damit die Zeit bei der Eintracht abgelaufen war.

Der Trainer: Dragoslav Stepanovic
Der 34-fache jugoslawische Nationalspieler von Roter Stern Belgrad wurde in seiner aktiven Spielerzeit Mitte der 70er bei der Eintracht sogar einmal in die Weltauswahl berufen. Weil damals in der Bundesliga nur zwei Ausländer erlaubt waren, musste er 1978 Bruno Pezzey weichen. Nach seiner Karriere als Sportler eröffnete Stepi eine Kneipe im Hessencenter und trainierte einige Amateurklubs, bevor ihn Bernd Hölzenbein 1991 von Trier zur Eintracht brachte. Durch seine lockere Art wurde Stepi in der Anfangszeit nicht nur von den Fans, sondern auch von den Medien geliebt. Zusammen mit den „Straßenjungs" nahm er während der Saison einen Song auf, der mit den Zeilen endet: „...und wer lacht am beste, der, der zuletzt lacht, Eintracht".

Der Macher: Bernd Hölzenbein
„Deutschlands Stolz: Der Grabi und der Holz" sangen die Eintracht-Fans zu Ehren der beiden größten Eintracht-Spieler der Bundesligazeit. Mit 160 Toren ist Bernd Hölzenbein noch heute ihr erfolgreichster Torschütze.
Unbestritten war er als Vizepräsident der Baumeister dieser großen Mannschaft, doch blieb ihm, wie schon als Spieler, auch als Vize die Meisterschaft versagt. Während der von vielerlei Turbulenzen begleiteten Saison hat er einmal sinngemäß gesagt, dass ihm die ganzen Querelen natürlich auf die Nerven gingen, trotzdem aber Ruhe bewahrt werden müsse, bis die Eintracht Meister sei. Nach dem Schlusspfiff von Rostock saß er minutenlang kreidebleich und regungslos auf seinem Platz auf der Tribüne des Ostseestadions.

Klaus Gerster
Der Manager trainierte Andi Möller schon in der Jugend beim BSC Schwarz-Weiss 1919 und gemeinsam kamen beide zur Eintracht. Durch den Wechsel von Möller zu Borussia Dortmund wurde der ehemalige Jugendtrainer Manager beim BVB. Als Bernd Hölzenbein Andi Möller wieder zurückholte, musste er die „Kröte" Gerster als Manager der SGE schlucken. Somit war Unruhe garantiert, positiv zu erwähnen ist aus der Zeit Gersterscher Managertätigkeit definitiv nichts.
Einige Jahre später hätte Gerster dann beinahe doch noch etwas positives vollbracht, als er in seiner Funktion als Manager von Kickers Offenbach den Nachbarn von der anderen Mainseite fast zu Grunde richtete.

Noch im Kader, aber nicht eingesetzt: Thomas „Gustl" Ernst, Jochen Kientz, Alex Conrad, Thomas Lauf.

SAISON 1991/1992

4

Die Mannschaft der Saison 1991/1992: Fototermin an der Frankfurter Hauptwache.

Bereits in der Saison 1989/1990, in der die Eintracht sich vom Beinahe-Absteiger zum Fast-Meister gemausert hatte, erklärte Vizepräsident Hölzenbein: „Sieben mageren Jahren werden nun sieben fette folgen." Das Ziel war klar. Die Eintracht sollte sich in der Spitzengruppe der Bundesliga etablieren und möglichst bald die sehnlichst erwartete zweite Deutsche Meisterschaft an den Main holen. Um dieses Ziel zu erreichen, wurde die Mannschaft verstärkt. Bereits zur Saison 1990/1991 kam der verlorene Sohn Andreas Möller vom BVB an den Riederwald zurück. Im Schlepptau hatte er Klaus Gerster. Denn wer Möller wollte, musste auch Gerster nehmen. Klaus Gerster wurde Manager am Riederwald.
Trotz der Möller-Verstärkung reichte es für die Eintracht am Ende einer Saison voller Querelen nur zum vierten Platz. Im April 1991 musste Eintracht-Trainer Jörg Berger nach einer legendären 0:6-Schlappe gegen den HSV seinen Stuhl räumen. Für ihn zauberte Bernd Hölzenbein den Jugoslawen Dragoslav Stepanovic vom Oberligisten Eintracht Trier aus dem Hut.
Vor der Saison 1991/1992, in die wegen der „Ost-Erweiterung" der Liga 20 Teams starteten, verstärkte sich die Eintracht nur sehr zurückhaltend. Ganze 210 000 Mark wurden in die drei neuen Spieler Schmitt, Kientz und Lauf investiert. Norbert Nachtweih schaute gegen Ende seiner Laufbahn noch einmal am Riederwald vorbei; er kam ablösefrei vom AS Cannes.
Die Saisonvorbereitung lief hervorragend, auch wenn Torjäger Yeboah nach einem Malaria-Anfall krankheitsbedingt ausfiel. Die Eintracht überzeugte in den Vorbereitungsspielen. Da es dem Trainerneuling Stepanovic überdies gelang, die schwierigen Charaktere in der Mannschaft scheinbar zu einer Einheit zusammenzuschweißen, stieg die Euphorie rund um den Riederwald. Selbst als Olympique Marseille kurz vor Saisonbeginn angeblich 20 Millionen Mark für Andreas Möller bot, brachte das die Verantwortlichen nicht aus dem Konzept. „Möller ist unverkäuflich", war der knappe Kommentar von Vize Hölzenbein. In Frankfurt ging es um die Meisterschaft, von der jetzt immer öfter offen geredet wurde. Kurz vor dem Saisonstart veröffentlichten die Tübinger Wikkert-Institute eine Umfrage, nach der 21,9 Prozent der Fußballinteressierten glaubten, dass der

Meister der Saison 1991/1992 aus der Hessenmetropole käme. Als mögliche Konkurrenten sahen die Fans den FC Bayern und den SV Werder Bremen. Dieses Vertrauen wollte die Eintracht rechtfertigen.

Am ersten Spieltag war die Eintracht zu Gast bei Fortuna Düsseldorf. Bei strahlendem Sonnenschein machten sich am 3. August 1991 fast 3 000 Fans mit auf den Weg in die Stadt des Altbiers, um sich zu vergewissern, ob die Sprüche der letzten Wochen nicht nur Träumereien waren. Und die Eintracht startete vielversprechend. Bereits in der 6. Minute traf Möller zum 1:0. Danach kam die Fortuna besser ins Spiel und hatte einige gute Chancen. Mehrfach musste Uli Stein in höchster Not retten. Doch in der 18. Minute war auch er machtlos. Der Ex-Frankfurter Jörn Andersen hatte sich im Kopfballduell gegen Roth durchgesetzt, der Ball kam zu Schreier und dessen Volleyschuss schlug unhaltbar im Frankfurter Tor ein. Die Fortuna spielte weiterhin überlegen, aber die Führung wollte ihr nicht gelingen. Ab Mitte der zweiten Halbzeit kam die Eintracht wieder zu Chancen. In der 80. Minute gelang dem eine Minute zuvor eingewechselten Sippel das 2:1. Mit viel Glück schaukelte die Eintracht die Führung über die Zeit. Der Saisonstart war geglückt, wenn es auch einige Probleme gab. Erster Tabellenführer der neuen Saison war der FC Hansa Rostock, der mit 4:0 gegen den FC Nürnberg gewonnen hatte. Die Eintracht belegte Rang 3.

Trotz des durchwachsenen Spiels in Düsseldorf puschte der Auswärtssieg die Euphorie in Frankfurt noch einmal. Der Dauerkartenabsatz erreichte nie gekannte Höhen. Mehr als 7 000 Jahreskarten wurden an den Fan gebracht. Und zum ersten Heimspiel erwartete die Eintracht am 2. Spieltag mit dem Aufsteiger Schalke 04 gleich einen Gegner, der selbst einen großen Anhang mitbrachte. So waren dann am 10. August sicher 10 000 Zuschauer unter den 45 000, denen die Galavorstellung der Eintracht ganz und gar nicht gefiel. In der 13. Minute gelang Axel Kruse nach einer Flanke von Heinz Gründel das 1:0. Kurze Zeit später lupfte erneut Kruse einen

„Die rauschen einfach so vorbei"

Eintracht Frankfurt: Das Schönste am „Fußball der Zukunft" ist die Gegenwart

Ball über den Schalker Torwart Lehmann. Der Ball prallte auf die Latte, dotzte dort noch einmal auf und landete dann auf dem Tornetz. Der Einschuss bereite Sippel konnte nicht mehr eingreifen. Aber in der zweiten Halbzeit gelang dann fast alles. In der 54. Minute erzielte Sippel das 2:0. Möller erhöhte in der 56. Minute nach einem Traumdoppelpass mit Uwe Bein auf 3:0. Das 4:0 in der 77. Minute besorgte ebenfalls Möller und den Schlusspunkt setzte Axel Kruse mit dem 5:0 in der 80. Minute. Damit war die Eintracht Tabellenführer. Die Fans im Stadion feierten ihr Team und verhöhnten nebenher die Schalker als FC Schalke 05. Besonderes Lob erntete nach dem Schlusspfiff der 22 Jahre junge Uwe Bindewald, der dem Schalker Ausnahmespieler Bent Christensen keine Chance gelassen hatte.

Am 14. August traf die Eintracht erstmals in der Bundesligageschichte auf einen Ostvertreter. Gastgeber Dynamo Dresden stand bis zum Spiel gegen die Eintracht noch ohne Punkte auf dem letzten Tabellenplatz. Der interessierte Eintrachtfan kann sich sicher denken, wie das Spiel ausging. Trotz drückender Überlegenheit und einer frühen roten Karte gegen den Dynamo-Spieler Wagenhaus verlor die Eintracht das Spiel im „Elb-Florenz" mit 1:2. Neben der Enttäuschung war den wenigen mitgereisten Eintracht-Fans allerdings auch Erleichterung anzusehen. Denn die im Nachbarblock postierten kurzhaarigen Gestalten sahen selbst nach dem 2:1 für Dynamo noch nicht sehr freundlich aus ...

Die „neue Eintracht" wollte sich von Rückschlägen wie der Niederlage in Dresden jedoch nicht aus dem Tritt bringen lassen. Stepanovic erklärte „Es gibt keinen Ärger, es gibt nur Arbeit. Vielleicht war die Niederlage ein Dämpfer zur rechten Zeit. „

Bereits drei Tage nach dem 1:2 hatte die Eintracht Gelegenheit zur Rehabilitation. Im DFB-Pokal gab es bei den Amateuren der Spielvereinigung Ludwigsburg einen ungefährdeten 6:1-Sieg. Rund um das Spiel sorgte aber ein anderes Thema für Schlagzeilen: Auf der Suche nach einem neuen Stürmer hatte Manager Gerster Interesse am Münchner Roland Wohlfahrt bekundet. Doch Uli Hoeneß winkte ab – Wohlfahrt sei unverkäuflich.

Auch ohne Wohlfahrt gab es am 4. Spieltag gegen den Angstgegner Bochum Neues im Eintrachtsturm. Bisher hatte Stepanovic im Sturm auf Gründel und Kruse vertraut. Da aber vor allem Gründel im Abschluss nicht überzeugte, kam Sippel für ihn ins Team. Außerdem nahm Yeboah erstmals nach seiner Malaria-Erkrankung auf der Bank Platz und wurde in der 77. Minute eingewechselt. Die Eintracht gewann vor 19 000 Zuschauern nach einer Steigerung in der zweiten Halbzeit glücklich mit 2:1 gegen den VFL und fand sich auf dem zweiten Tabellenplatz wieder. Tabellenführer war zu dem Zeitpunkt übrigens immer noch Hansa Rostock.

Im folgenden Spiel beim FC Köln agierte die Eintracht wieder überzeugender und ging in der 36. Minute durch Kruse mit 1:0 in Führung. Danach vergaß man einmal mehr, ein weiteres Tor zu schießen. Die Eintracht brillierte – leider nur bis zum gegnerischen Strafraum. Die Strafe für das allzu leichtfertige Spiel folgte: In der 55. Minute war Möller auf dem scheinbaren Weg zum 2:0 seinem Gegenspieler Baumann enteilt, dieser bediente sich jedoch seiner Hände und brachte den Frankfurter regelwidrig zu Fall. Die Chance zum 2:0 war futsch. Was für die Eintracht fast noch schlimmer war: Der Kölner Baumann bekam für dieses Foul die Rote Karte. Gegen zehn Gegner zu gewinnen war jedoch unter der Würde der Eintracht, die ja 1992 den sogenannten Fußball 2000 zelebrierte. So kamen die Kölner am Ende durch einen Elfmeter noch zum Ausgleich. Trotz vergebener Chancen gab es auch auf Frankfurter Seite Grund zur Freude. In den letzten 20 Minuten war Yeboah für Kruse gekommen und der Ghanaer zeigte einmal mehr seine Torgefährlichkeit. Ein Stürmer mit Torgarantie – das fehlte der Eintracht.

Beim Spiel in Köln machten Spieler und Fans der Eintracht übrigens erstmals in der Saison mit dem Mann Bekanntschaft, der das Schicksal des Vereins am Ende der Saison maßgeblich beeinflussen sollte. Schiedsrichter der Partie war Alfons Berg aus Konz.

Am 28. August kam mit dem amtierenden Meister Kaiserslautern erstmals ein „dicker Brocken" nach Frankfurt. 45 000 Zuschauer sahen eine bemühte Eintracht, die gegen die defensiv eingestellten Pfälzer kein Durchkommen fand. Erst in der 60. Minute fiel das erlösende 1:0 durch Axel Kruse. Und während die Fans noch „Zugabe, Zugabe" forderten, fiel die Entscheidung durch den erst drei Minuten zuvor eingewechselten Yeboah. Nach einer weiten Flanke von Studer flog Tony durch die Luft und zirkelte einen wunderschönen Kopfball aus sage und schreibe 14 Metern unhaltbar ins Lauterer Netz. Die Eintracht war wieder Tabellenführer. Aber auch diesmal konnte die Mannschaft den Platz an der Sonne nur kurz genießen. Denn bereits drei Tage nach dem Sieg gegen den FCK setzte es beim HSV eine 1:2 Niederlage. Nicht, dass die Mannschaft im Volksparkstadion bei südländischen Temperaturen schlecht

Uli Stein: „Wir haben in der Bundesliga nur einen Gegner, der uns schlagen kann: Wir selbst."

gespielt hätte. Das Team kombinierte erneut flüssig – nur das Toreschießen wurde einmal mehr vergessen. Als es 2:0 für den HSV stand, wachte die Eintracht auf. Doch mehr als ein weiteres Kopfballtor von Yeboah und zwei Lattenknaller sprangen nicht heraus. Tabellenführer war nach dem siebten Spieltag wieder der FC Hansa Rostock. Uli Stein formulierte das Dilemma der Eintracht: „Wir haben in der Bundesliga nur einen Gegner, der uns schlagen kann: Wir selbst".

Mit der Aussage lag Uli Stein fast richtig. Seiner Ausführung fehlte nur, dass die Eintracht auch im DFB-Pokal nur einen Gegner hatte, der sie schlagen konnte. Und so verlor man das Heimspiel gegen den KSC vor 11 000 Zuschauern mit 0:1, obwohl es zur Halbzeit schon 6:0 hätte stehen können. Der Torschütze des entscheidenden Tores, Michael Harforth, schwärmte nach Spielende von der Frankfurter Eintracht: „Wenn man die Frankfurter im Fernsehen sieht, meint man, da kann man mithalten. Doch wenn man dazwischen steht und sie mit Doppelpässen an einem vorbeirauschen, das ist schon etwas anderes. Das ist Fußball aus dem Jahr 2000."

Natürlich wurden in den Tagen nach der KSC-Niederlage die Stürmer als die Schuldigen am Frankfurter Ausscheiden aus dem DFB-Pokal kritisiert. Doch während die Bildzeitung die Leserumfrage „Soll die Eintracht einen neuen Stürmer kaufen?" startete, zog sich das Team am achten Spieltag der Bundesliga selbst aus dem Schlamassel. Vor der Minuskulisse von 14 000 Zuschauern wurden die Stuttgarter Kickers mit 6:1 aus dem Waldstadion gefegt und der Platz an der Sonne zurückerobert. Und auch die Stürmer trafen wieder. Sippel schoss drei Tore, Yeboah traf einmal. Beim Spiel gegen die Stuttgarter Kickers lief übrigens nach über acht Jahren Norbert Nachtweih wieder im Eintrachttrikot auf. Er ersetzte den verletzten Michael Klein auf der rechten Seite. Nachtweihs Comeback sollte aber nicht länger als drei Spiele dauern.

Im folgenden Heimspiel gegen den FC Nürnberg hatte die Eintracht einmal mehr die Gelegenheit, sich vor den Verfolgern abzusetzen. Vor 31 000 Zuschauern musste man sich nach einer 2:0 Halbzeitführung am Ende jedoch mit einem 2:2 zufrieden geben. In der 76. Minute hielt Uli Stein einen Elfmeter und sicherte der Eintracht damit den Verbleib an der Tabellenspitze. Tabellenzweiter war mittlerweile übrigens der VFB Stuttgart.

Vor dem Bundesligahit gegen die Bayern am zehnten Spieltag hatte die die Eintracht eine turbulente Woche zu überstehen. Obwohl die Mannschaft mit 22 Treffern so viele Tore geschossen hatte wie kein zweiter Verein, war man weiter auf der Suche nach Verstärkung im Sturm. Immerhin wurden trotz spielerischer Überlegenheit noch zu viele Punkte verschenkt. Zwischenzeitlich war bekannt geworden, dass sich Klaus Gerster mit Mehmet Scholl vom KSC getroffen hatte. Beide Seiten dementierten. Am 17. September war plötzlich ein neuer Spieler beim morgendlichen Training: Jörn Andersen. In einer Nacht- und Nebelaktion wurde der „verlorene Sohn" bis zum Saisonende von Fortuna Düsseldorf ausgeliehen. Beim 6:1-Erstrundenerfolg über Spora Luxemburg im Uefa-Cup konnte Andersen noch nicht mitwirken. Aber beim Spitzenspiel drei Tage später im Olympiastadion war er dabei. Und Stepanovic erinnerte Andersen daran, dass er gerade in München noch etwas gut zu machen hatte. Andersen wusste nur zu genau, was Stepi damit meinte: Das Leo-Tor vom März 1990 und die vielen vergebenen Chancen.

Und Andersen machte einiges wieder gut. 14-mal in Folge hatte die Eintracht bei den Bayern verloren. Bis zu jenem 21. September 1991. An diesem wunderschönen Samstagnachmittag lag die Eintracht dreimal zurück – aber jedesmal konnte sie ausgleichen. Zweifacher Frankfurter Torschütze war an jenem denkwürdigen Nachmittag Jörn Andersen. Um ein Haar wäre der Held aber ein ganz anderer geworden. Nach wunderschönem Zuspiel von Bein lief Uwe Bindewald zwei Minuten vor Ende der Partie mutterseelenallein auf das Münchner Tor zu. Den fast 10 000 mitgereisten Eintrachtfans stockte der Atem. Doch dem jungen Bindewald fehlten die Nerven und er vergab die Riesenchance überhastet.

Sternstunde der Bundesliga

Frankfurt kann doch in München punkten – „Das stärkt die Moral" Trotzdem feierten Spieler und Fans den Punktgewinn auf dem Oktoberfest überschwänglich. Dass der VFB Stuttgart die Eintracht in der Tabelle überholt hatte, störte zu diesem Zeitpunkt keinen.

Zumal die Eintracht nach dem nächsten Spieltag wieder Tabellenführer war. Mit 3:0 gewann man im Waldstadion vor 30 000 Zuschauern gegen den starken BVB, wobei diesmal die kämpferische Einstellung der Eintracht verblüffte. Allen voran Ralf Weber zeigte ein herausragendes Spiel, er schoss das 1:0 und bereitete das 2:0 vor.

Nach dem Arbeitssieg gegen den BVB qualifizierte sich die Eintracht durch ein 5:0 in Luxemburg auch noch endgültig für die zweite Runde im Europapokal und freute sich auf das Spitzenspiel beim Ligakonkurrenten VFB Stuttgart. Im ausverkauften Neckarstadion ging am 5. Oktober bei erneut wunderschönem Herbstwetter allerdings der VFB in Führung. Mit dem Halbzeitpfiff erzielte Maurizio Gaudino das 1:0 für die Schwaben. In der zweiten Halbzeit kam die Eintracht besser in Schwung. Kaum zwei Minuten nach seiner Einwechslung gelang Andersen aus spitzem Winkel der Ausgleich. Als jedoch der Stuttgarter Matthias Sammer nach wiederholtem Foulspiel vom Platz gestellt wurde, wurde den weit über 10 000 mitgereisten Eintrachtfans Angst und Bange. Aber anders als in Dresden und Hamburg zahlte sich der Platzverweis für die Eintracht diesmal aus. Die Mannschaft wurde stärker und in der 80. Minute war es Yeboah, der eine Möller-Ecke zum 2:1 ins Tor köpfte. Danach gab es noch einige Möglichkeiten die Führung auszubauen, doch Andersen, Sippel und Bein scheiterten. Der Schlusspfiff von Schiedsrichter Krug war dann gleichzeitig der Startschuss zu einer bis heute unvergessenen Jubelorgie in der Eintrachtkurve. Die Spieler versuchten sich reihenweise im Zaunklettern. Die Fans schmetterten das „Deutscher Meister wird nur die SGE" laut wie nie und zogen zu Tausenden auf den benachbarten Cannstadter Wasen, um den Sieg im Spitzenspiel gebührend zu feiern. Am Tag nach dem tollen Sieg in Stuttgart gab es im Frankfurter Waldstadion hingegen Tränen.

„Tore des Jahres" von Andersen und Yeboah beim 2:1 im Neckarstadion

Der ganz normale Wahnsinn

Charly Körbel lud zum Abschiedsspiel gegen die Bayern. Als er an jenem 6. Oktober um 22 Uhr 04 vom Spielfeld ging und gefragt wurde, was er sich jetzt noch wünsche, antwortete der treue Charly: „Die Eintracht soll endlich Deutscher Meister werden!".

Doch erstmal gab es wieder eine Enttäuschung. Gegen den Abstiegskandidaten Borussia Mönchengladbach reichte es im Waldstadion vor 30 000 Zuschauern nur zu einem enttäuschenden 0:0. Dafür wurde das Auswärtsspiel in Wattenscheid mit 4:2 gewonnen. Die Eintracht hatte jetzt 20 Punkte auf ihrem Konto, die Verfolger Stuttgart, Duisburg, Leverkusen und Dortmund jeweils 17 Punkte. Vor dem nächsten Spitzenspiel im Waldstadion erreichte die Eintracht in der zweiten Runde des Europapokals beim belgischen Vertreter AA Gent ein 0:0. Außerdem bekundete der HSV sein Interesse an Axel Kruse, der zwischenzeitlich Ärger mit Stepanovic hatte und sogar vorübergehend aus dem Kader genommen wurde. Doch die Eintracht lehnte ab.

Am 26. Oktober bot sich der Eintracht einmal mehr die Gelegenheit, die Distanz zu den Verfolgern in der Tabelle zu vergrößern. Mit Bayer Leverkusen kam ein direkter Konkurrent ins Waldstadion. Wie so oft trat die Eintracht drückend überlegen auf und erspielte sich hochkarätige Chancen, darunter Pfosten- und Lattenschüsse. Der „Kicker" zählte ein Chancenverhältnis von

Uwe Bein scheitert an Wattenscheids Keeper Mai. Im Hintergrund kein Unbekannter: Markus Schupp.

19:2 für die Eintracht. Doch am Ende stand es 0:1 gegen eine Leverkusener Mannschaft, die sich im gesamten Spiel kaum aus ihrer eigenen Hälfte getraut hatte. Nicht einmal das entscheidende Tor hatten die Leverkusener selbst geschossen. In der 13. Minute war es der Pechvogel Uwe Bindewald, der eine harmlose Flanke mit dem Knie ins eigene Netz gelenkt hatte. Nach Spielende gab selbst Bayer-Manager Calmund zu: „Bei uns hat heute der Papst mitgespielt". Vizepräsident Hölzenbein konterte: „Nicht der Papst, der liebe Gott persönlich." Wieder war es der Eintracht nicht geglückt, sich an der Tabellenspitze abzusetzen. Aber dadurch ließ sich die Mannschaft nicht irritieren. Eine Woche nach dem enttäuschenden 0:1 gegen Leverkusen trumpfte sie wieder ganz groß auf. Zur Halbzeit führte die Eintracht beim MSV Duisburg nach Toren von Bein, Möller und Andersen bereits mit 3:1. In den zweiten 45 Minuten konnte der MSV noch einmal auf 3:4 verkürzen. Die endgültige Entscheidung gelang der Eintracht in der 80. Minute durch ein Traumtor. Uwe Bein hatte den Ball auf dem Kopf durch die Duisburger Abwehr geführt, ehe das Leder über Yeboah (Kopf) wieder zu Bein (Kopf) und dann zu Sippel (Kopf) kam.

Auch Bundestrainer Berti Vogts von der Eintracht beim 6:3 begeistert

Ein Schwelgen in Superlativen

Und der beförderte den Ball ebenfalls per Kopf am orientierungslos herumirrenden Torwart vorbei zum 5:3 ins Netz. In der letzten Minute gelang Yeboah sogar noch das 6:3. Bis zum Spiel gegen die Eintracht war der MSV Duisburg in der Saison 1991/1992 Zuhause ohne Niederlage geblieben. Am 2. November herrschte trotz der ersten Heimniederlage eine prächtige Stimmung im Wedaustadion. Die Fans feierten ein Fußballfest.

Doch die Eintracht kam schnell wieder auf den Boden der Tatsachen zurück. Dem überragenden 6:3 folgte das Aus im Europapokal. Im Waldstadion gab es eine enttäuschende 0:1-Niederlage gegen AA Gent. Das frühe Ausscheiden veranlasste Schatzmeister Knispel zu einer finanziellen

Bestandsaufnahme. Fast zehn Millionen Mark Verbindlichkeiten drückten die Eintracht, aber Knispel betonte: „Das ist eine Summe, mit der wir leben können." Nach dem Europapokal-Aus deutete sich jedoch an, dass es der Eintracht nicht gelingen würde, die Schulden, die unter anderem durch die Möller-Verpflichtung entstanden waren, abzubauen. Das wiederum würde bedeuten, dass in naher Zukunft keine größeren Spielertransfers getätigt werden könnten.
Am Abend des 9. November hatte die Eintracht erst einmal Gelegenheit, den drohenden Heimkomplex zu besiegen. Doch auch das Bundesligaspiel gegen den KSC konnte nicht gewonnen werden. Immerhin erreichte die Eintracht vor 17 000 Zuschauern ein 1:1. Wir wollen an dieser Stelle nicht schon mit dem Aufrechnen beginnen, möchten aber auch nicht verschweigen, dass dem Karlsruher Spieler Rolff der Ball in der 90. Minute im eigenen Strafraum an die Hand sprang. Schiedsrichter Aust übersah das klare Handspiel.
Am vorletzten Spieltag der Hinrunde musste die Eintracht beim SV Werder Bremen antreten. Auch im Weserstadion spielt die Mannschaft überlegen, aber längst nicht mehr so überzeugend wie in den Auswärtsspielen zuvor. Das berüchtigte Novemberloch hatte die Eintracht erfasst. Und als in der 81. Minute ein Rückpass auf Binz gespielt wurde, dieser aber ausrutschte und der

„Wenn wir so weiterspielen, werden wir nicht Meister"

Kritik von Spielführer Stein nach der Niederlage der Eintracht in Bremen: Manche Profis bereits zu bequem auf „Wolke sieben" / Harte Worte gefordert

Bremer Allofs den Fauxpas zum 1:0-Endstand für Werder ausnutzte, war für die Eintracht sogar die schon sicher geglaubte Herbstmeisterschaft in Gefahr. Während sich die Führungsriege um Stepanovic und Hölzenbein auch nach der Bremer Niederlage optimistisch gab („wenn wir gegen Rostock gewinnen, ist alles wieder in Ordnung"), meldete sich Mannschaftskapitän Stein zu Wort. Ungewohnt ruhig und besonnen sprach er die Probleme der Eintracht an: „ Die Niederlage war zwar wieder unglücklich, aber trotzdem verdient. Wer viermal 0:1 verliert, bei dem stimmt etwas nicht mit der Spielweise. Und deshalb können wir den Titel vergessen, wenn wir so weitermachen. Der Ernst der Lage wurde noch nicht erkannt."
Am letzten Spieltag der Vorrunde kam der zweite Ostvertreter ins Waldstadion. Mit Hansa Rostock stellte sich eine Mannschaft vor, gegen die die Eintracht noch nie zuvor gespielt hatte und die es trotzdem fertigbrachte, sich innerhalb einer Saison negativer im Gedächtnis vieler Eintrachtfans zu verwurzeln als es je eine Mannschaft geschafft hatte (außer vielleicht dem VFB Stuttgart.)
Das Heimspiel gegen Rostock bescherte der Eintracht zum ersten Mal in ihrer Geschichte die Herbstmeisterschaft. Die Mannschaft tat sich erneut schwer, gewann aber am Ende nach einem Doppelschlag von Weber (46. Minute) und Yeboah (48. Minute) mit 2:0. Kurz vor der Pause übersah Schiedsrichter Löwer ein elfmeterreifes Foul an Uwe Bein.
Der Gewinn des inoffiziellen Titels Herbstmeister wurde in Frankfurt zurückhaltend gefeiert. Zu durchwachsen waren die Leistungen der Mannschaft, die ja in den letzten Spielen längst nicht mehr den hochgelobten „Fußball 2000" gespielt hatte. Die Verfolger Stuttgart, Dortmund und

Zwei treffliche Minuten bringen der Eintracht den Etappensieg

Durch Tore von Weber und Yeboah sind die Frankfurter erstmals zur Halbzeit Tabellenführer / Spies verschießt Foulelfmeter für Rostock

Kaiserslautern lagen auf der Lauer. Trotzdem sorgte die Tatsache, dass bisher 20 von 28 Herbstmeistern auch am Ende der Saison ganz vorne standen, für einen gewissen Optimismus. Die Winterpause hätte der Eintracht zu diesem Zeitpunkt sicher gut getan, aber die ungewöhn-

SAISON 1991/1992

lich lange Saison und die im Sommer 1992 stattfindende Europameisterschaft in Schweden machten es erforderlich, die ersten drei Spieltage der Rückrunde noch im Jahr 1991 zu spielen. Noch einmal verspielte die Eintracht wichtige Punkte. Gegen den Abstiegskandidaten Düsseldorf gab es im Waldstadion vor 17 000 enttäuschten Zuschauern nur ein mageres 1:1. Und auch das Auswärtsspiel in Schalke konnte nicht gewonnen werden. Vor 45 000 Menschen führte die Eintracht nach einem frühen Tor von Andersen mit 1:0 – bis zur 88. Minute. In der vorletzten Minute verwandelte Anderbrügge einen Elfmeter zum glücklichen Ausgleich für die Königsblauen. Nach diesem Punktverlust musste die Tabellenführung wieder an den BVB abgegeben werden. Da half es auch nichts, dass die Ein-

Tony Yeboah traf in der Saison 14-mal für die Eintracht.

tracht das letzte Spiel vor der Winterpause endlich einmal wieder souverän mit 3:0 gegen Dynamo Dresden gewann. Die Weihnachtsmeisterschaft ging an den BVB, der in 22 Spielen 30 Punkte erreicht hatte. Die Eintracht war mit 29 Punkten Zweiter, der VFB Stuttgart und der FC Kaiserslautern hatten als Tabellendritter/-vierter jeweils 28 Punkte auf ihrem Konto.

Doch auch die Winterpause brachte der Eintracht keine Ruhe. Bereits im Dezember begann das Theater rund um die verschiedensten Unterschriften von Andreas Möller, das die Eintracht bis zum Saisonende in Atem halten sollte. Da in dem unglaublichen Vertragswirrwarr keiner so recht durchblickte, legte die FIFA vorerst fest, dass Atalanta Bergamo die Rechte auf die Verpflichtung von Andreas Möller habe. Auch mit anderen Spielern gab es Probleme. Axel Kruse geriet immer öfter mit Stepanovic aneinander. Anthony Yeboah erreichte mit Ghana beim Afrikacup den zweiten Platz und gönnte sich danach ohne Absprache eine Woche Urlaub. Außerdem spekulierte er auf einen besser dotierten Vertrag.

Währenddessen wurde die Eintracht noch einmal auf dem Transfermarkt aktiv. Vom FSV Mainz 05 wurde Frank Möller verpflichtet. Bereits im Dezember hatte die Eintracht Norbert Nachtweih an den SV Waldhof abgegeben.

Trotz der anhaltenden Turbulenzen waren auch vor dem Beginn der Rückrunde die Prognosen für die Eintracht positiv. So beauftragte die Zeitschrift Sportbild den Mathematiker Dirk Paulsen von der Dirk Paulsen Software GmbH auszurechnen, welche Mannschaft wohl am 16. Mai die Meisterschale in Empfang nehmen würde. Paulsen arbeitete tagelang an seinem Computer Macintosh 2 FX, in dem Daten aus 15 Jahren Bundesliga gespeichert waren. Nach über 144 Millionen Rechenvorgängen erschien unter dem Suchbegriff „Deutscher Meister" auf dem Bildschirm: Eintracht Frankfurt!

Doch leider sind die besten Prognosen nichts Wert, wenn die Mannschaft nicht gewinnt. Und den Start der Eintracht ins Jahr 1992 kann man getrost als misslungen bezeichnen.

Im ersten Spiel beim Angstgegner VFL Bochum musste die Eintracht auf drei Leistungsträger verzichten. Während Bein und Andreas Möller verletzt waren, nahm Stepanovic den Stürmer Yeboah erst gar nicht mit nach Bochum, weil dieser nach dem Afrikacup und anschließendem Urlaub angeblich noch nicht wieder fit war.

Das Spiel in Bochum endete nach mittelmäßigen Leistungen beider Mannschaften mit 0:0. Bedanken konnte sich die Mannschaft für den Punktgewinn vor allem bei Torhüter Stein, der in der 87. Minute einen Heber vom Bochumer Epp im zurücklaufen über die Latte lenkte. Bei dem Bochumer Thomas Epp handelte es sich übrigens um keinen geringeren als jenen Epp, der die Eintracht gut sieben Jahre später vor dem Abstieg rettete, indem er seine gut 300 Mark teure Sonnenbrille aufs Spielfeld schleuderte, um den Spielern zu signalisieren dass ein 4:1 gegen den FC Kaiserslautern im Kampf gegen den Abstieg noch nicht reichen würde.

Am 24. Spieltag stand die Eintracht gegen den FC Köln unter Zugzwang. Im Waldstadion gab es ein Wiedersehen mit Jörg Berger, der inzwischen bei den Geisböcken angeheuert hatte. Während Uwe Bein weiterhin verletzt pausieren musste, waren Andi Möller und Yeboah wieder dabei.

Rückrunden-Bilanz von 5:5 Punkten signalisiert am Riederwald allenfalls Mittelmaß

Vom Fußball 2000 ist die Eintracht derzeit meilenweit entfernt

Noch herrscht verhaltene Ruhe / Böses Frühlings-Erwachen droht / „Brauchen jetzt ganze Kerle" / Frankfurt — Köln 1:2 (0:2)

Bereits in der ersten Minute ging der FC mit 1:0 in Führung. In der Folgezeit spielte die Eintracht überlegen und hatte auch einige Chancen. Das zweite Tor aber machten wieder die Kölner. In der 43. Minute traf Frank „Otze" Ordenewitz aus 25 Metern zum 2:0. In der zweiten Halbzeit gelang dem starken Falkenmayer recht schnell der Anschluss (52. Minute), aber danach stockte der Frankfurter Angriff. Die Eintracht setzte sich zwar in der Kölner Hälfte fest, konnte sich aber nur noch eine Torchance herausspielen, die Yeboah in der 65. Minute vergab.

Die 22000 Zuschauer im Waldstadion ahnten Böses. Beim Blick aufs Spielfeld sahen die Fans die verzweifelten Bemühungen der Eintracht, doch noch ein Tor zu erzielen. Der Blick auf die Anzeigetafel versetzte einen weiteren Dämpfer. Alle Titelkonkurrenten gewannen ihre Spiele. Die Fans peitschten ihre Eintracht verzweifelt nach vorne, doch der erhoffte Ausgleich blieb aus. Nach dem Schlusspfiff war die Enttäuschung riesengroß. Die Eintracht war hinter Dortmund (33 Punkte) und Kaiserslautern (31 Punkte) erstmals in der gesamten Saison nur Tabellendritter. Punktgleich mit der Eintracht (30 Punkte) war der VFB Stuttgart.

Nach dem Desaster gegen Köln äußerte sich Kapitän Uli Stein offen über die Zukunft der Eintracht: „Wer so viele Punkte verschusselt wie wir, der kann nicht Meister werden. Es ist wohl jetzt an der Zeit, die Ziele neu zu formulieren. Wir müssen uns darauf konzentrieren, nicht noch den UEFA-Cup-Platz zu verlieren." Trainer Stepanovic sah die Lage ganz anders: „Es gibt keinen Grund, jetzt aufzugeben." Auch Hölzenbein forderte „nur keine Panik." Dass die Eintracht aber einem Pulverfass glich, war allen Beteiligten klar: Bisher hatte einzig der Erfolg der Mannschaft für Eintracht bei der Eintracht gesorgt. Nach dem Kölnspiel zeichneten sich diverse Reibungspunkte ab. Bereits in der Halbzeitpause waren Andreas Möller und Axel Kruse aneinandergeraten, woraufhin sich Möller beim Trainer über Kruse beschwerte.

Aber auch Stepanovic blieb von Kritik nicht verschont. Auf der rechten Seite hatte Stepi Michael Klein und den Neuling Frank Möller nominiert. Michael Klein war bereits nach 25 schwachen Minuten ausgewechselt worden und es schien verwunderlich, warum Stepanovic nicht auch den überforderten Frank Möller auswechselte. Eine Alternative hatte er mit Stefan Studer auf der Bank. Doch der galt mit Gründel und Kruse als sogenannter „Rebell", gehörte also zur Anti-Stepi-Fraktion. Studer durfte sich lediglich eine halbe Stunde warmlaufen. Außerdem fragten sich viele Fans, wieso Stepanovic angesichts der Verletzung von Uwe Bein nicht auf den erfahrenen Routinier Heinz Gründel zurückgriff. Gründel saß bereits seit mehreren Spielen nur auf der Tribüne.

Einen Tag vor dem eminent wichtigen Spiel beim Tabellennachbarn Kaiserslautern drohte die Lage endgültig zu eskalieren. Unter der Woche war Andreas Möller mit seinem Berater Gerster (der in seiner Funktion als Eintracht-Manager an den Verhandlungen teilnahm) nach Turin geflogen und hatte dort ein „unvorstellbares Traumangebot" unterbreitet bekommen, das ihm erlaubte, entweder nach Bergamo oder zu Juventus zu wechseln. Möller wollte das Angebot, dass ihm „sportlich und wirtschaftlich einmalige Chancen" bot, annehmen und jetzt nur noch sehen, „eine gute Lösung auch für die Eintracht zu finden." Nebenbei kam heraus, dass Juve ihm bereits 1990 die Unterschrift unter einen Optionsvertrag mit 900 000 Mark versüßt hatte. Möllers Berater Gerster hatte seinem Arbeitgeber diese Zahlung verschwiegen.

Trotz der Turbulenzen gelang es, beim amtierenden Meister in Kaiserslautern die sportliche Wende einzuleiten. Vor 38 500 Zuschauern ging die Eintracht auf dem Betzenberg in der 25. Minute durch Andersen mit 1:0 in Führung. Zwar schafften die Pfälzer in der zweiten Halbzeit noch den Ausgleich, aber letztlich war man in Frankfurt doch froh. Die Eintracht rutschte zwar auf den vierten Tabellenplatz, hatte aber trotz Turbulenzen endlich wieder ein starkes Spiel gezeigt.

Doch die ansprechende Leistung in Kaiserslautern rückte schnell wieder in den Hintergrund. Bereits drei Tage nach seiner Italienentscheidung traf Andreas Möller „aus dem Bauch heraus" einen anderen Entschluss. Plötzlich wollte er wieder in Frankfurt bleiben: „Ich habe auch eine moralische Verpflichtung gegenüber Eintracht Frankfurt und wollte nicht als Lügner dastehen". Im Transfergerangel um Andreas Möller kündigte die FIFA für den 13. März ein Urteil an. Derweil reichte der doppelte Manager Klaus Gerster seinen Urlaub ein, aus dem er nicht mehr zurück kommen sollte. Darüber war in Frankfurt allerdings keiner so recht böse.

Der Nationalspieler will kein Lügner sein und traf die Entscheidung „aus dem Bauch"
Moral ist Möller wichtiger als Millionen

Vor dem Spiel gegen den HSV stellte sich die Frage, wie die Mannschaft den Rummel um Andreas Möller wohl verkraften würde und wie sich die Fans dem Mittelfeldstar gegenüber verhalten würden. Die 26 000 Zuschauer im Waldstadion freuten sich am 29. Februar in erster Linie über die Rückkehr von Uwe Bein, der nach seiner Verletzung gleich wieder eine überragende Leistung zeigte. Und Andi Möller? Auch Möller wurde von den Fans freundliche empfangen und bedankte sich dafür in der 13. Minute mit dem 1:0. In einer überlegen geführten Partie erhöhte Andersen in der 59. Minute auf 2:0. Die Stimmung im Stadion stieg von Minute zu Minute. Nicht nur der Vorsprung der Eintracht animierte die Fans zur La-Ola-Welle. Auch die Ergebnisse auf der Anzeigetafel gaben Anlass zur Hoffnung, daß die Eintracht wieder dabei war im Rennen um den Titel. Dortmund und Stuttgart gaben zu Hause Punkte ab und der FC Kaiserslautern lag in Nürnberg zurück. Trotzdem mussten die Eintrachtfans bis zum Schluss zittern, nachdem dem HSV in der 66. Minute noch der Anschlusstreffer geglückt war. Aber um 17 Uhr 19 war Frankfurt wieder dran an der Meisterschaft. Mit zwei Punkten Rückstand hinter dem BVB lag man auf Platz 2 der Tabelle und vor allem: Endlich hatte die Eintracht wieder zu Hause gewonnen.

Doch auch nach dem Sieg gegen den HSV gab es keine Ruhe bei der Eintracht. Vor dem Spiel bei den Stuttgarter Kickers warf Stepanovic gleich vier Spieler aus dem Kader. Gründel, Sippel, Studer und Kruse sollten ab sofort nur noch bei den Amateuren mittrainieren. „Ich vergleiche die Trainingseinstellung dieser vier mit den anderen 14 Profis und sehe große Unterschiede" begründete Stepanovic den Rausschmiss der Vier.

Nach dem kurzfristigen Ausfall von Michael Klein nahm Stepanovic Lothar Sippel letztlich doch mit zum Auswärtsspiel bei den Kickers, wo dieser jedoch vorerst auf der Auswechselbank Platz nahm.

Kurz vor Spielbeginn brach Uwe Bein, der mit einer Grippe nach Stuttgart gereist war, das Training ab. Für ihn kam Dirk Wolf in die Mannschaft. In einer mäßigen Partie siegte die Eintracht mit 2:0. Torschützen waren diesmal der wiederum überragende Andreas Möller und – Lothar Sippel. In der 90. Minute wurde der „Rebell" eingewechselt und mit seinem ersten Ballkontakt erzielte er das 2:0. Nach dem Spiel wurde der Joker von Stepanovic wieder in den Profikader aufgenommen. Der Rückstand der Eintracht auf Tabellenführer Dortmund betrug weiterhin zwei Punkte, nachdem der BVB mit 2:1 in Köln gewonnen hatte.

Am Vormittag des 11. März 1991 informierte der DFB die Eintracht darüber, dass die FIFA Andreas Möller in ihrem lange erwarteten Urteil Juventus Turin zugesprochen hatte. Die Eintracht wertete das Urteil als Erfolg. „Endlich ist Bergamo aus dem Spiel" meinte Präsident Matthias Ohms zu der Entscheidung und kündigte gleichzeitig an, Berufung gegen das Urteil einzulegen.

Auch ohne Uwe Bein gewann die Eintracht gegen die Stuttgarter Kickers.

Da es sich abzeichnete, dass die Mannschaft gerade nach Querelen stark aufspielte, konnte die Eintracht am 28. Spieltag eigentlich gelassen nach Nürnberg reisen. Die Fans waren längst wieder im Meisterschaftsfieber und so machten sich auch mehr als 4 000 Hessen auf den Weg ins Frankenstadion, von denen jedoch einige vor der Tür bleiben mussten. Das Stadion war mit 52 500 Zuschauern restlos ausverkauft. Schon vor Spielbeginn herrschte eine wahnsinnige Atmosphäre, die sich noch steigerte, als sich der Anpfiff um eine viertel Stunde verzögerte. Was war geschehen? Die Spieler beider Mannschaften hatten sich im Kabineneingang zum Auflaufen versammelt, als man feststellte, dass beide Mannschaften weiße Trikots anhatten. Die Eintracht hatte allerdings keine Ersatztrikots dabei und die Nürnberger wollten ihre Trikots nicht tauschen. Erst nach langen Diskussionen und einem Machtwort von Schiedsrichter Stenzel wechselten die Spieler des Clubs die Leibchen.

Für die Fans hatte sich das Warten gelohnt. Beide Mannschaften zeigten ein tolles Spiel. In den ersten 20 Minuten musste Uli Stein viermal in höchster Not gegen den Ex-Frankfurter Eckstein retten. Erst danach kam die Eintracht besser in Tritt, aber auch Yeboah traf lediglich den Pfosten und das Außennetz. Kurz vor der Halbzeit ging dann der Club mit 1:0 in Führung. Doch die Eintracht antwortete direkt nach dem Seitenwechsel. Yeboah sorgte per Kopf für den Ausgleich. Und in der 50. Minute schickte er seinen Kollegen Andersen steil und der besorgte mit einem fulminanten Schuss in den Torwinkel die 2:1 Führung für die Eintracht. Der FC Nürnberg drängte nun auf den Ausgleich, aber die Eintrachtabwehr verteidigte geschickt. In der 90. Minute gelang Dietmar Roth sogar noch das 3:1. Auch im Moment des Triumphs blieb es nicht ruhig. Bereits in der Halbzeitpause hatte Uli Stein lauthals Stepanovic und Andreas Möller beschimpft. Und am nächsten Tag verkündete er im TV-Sender Premiere, dass er die Zusage habe, die Eintracht zum Saisonende ablösefrei verlassen zu können. Er ärgerte sich über das „amateurhafte Verhalten der Eintracht im Fall Möller". In seiner Funktion als Co-Kommentator des Topspiels mußte Stein mit ansehen, wie der BVB den 2-Punkte Vorsprung gegenüber der Eintracht halten konnte. Dortmund gewann gegen den Konkurrenten Kaiserslautern. Leverkusen und Stuttgart siegten ebenfalls.

Auch vor dem Heimspiel gegen die in der Saison 1991/1992 enttäuschenden Bayern war wieder einiges los bei der Eintracht. Die Zeitungen spekulierten, ob Uli Stein nach seinen Eskapaden nur seine Kapitänsbinde abgeben müsse oder bei der Eintracht rausfliegen würde. Im Fall Stein besaß die Eintracht allerdings schlechte Karten. Ersatztorhüter Ernst war verletzt, in Nürnberg saß lediglich Jugendtorwart Nikolov auf der Bank. Ein Rauswurf von Uli Stein hätte die Meisterschaftsambitionen der Eintracht arg beeinträchtig. Wieder gelang es Stepanovic, den Supergau bei einem gemeinsamen Frühstück mit dem Streithahn zu verhindern. Stein blieb Kapitän und die Eintracht besiegte die Bayern zwei Tage später vor 60 500 Zuschauern im rappelvollen Waldstadion mit 3:2. Dabei bereitete der wieder genesene Uwe Bein alle drei Treffer der Eintracht vor. Besonders schön anzusehen war das 1:0 der Eintracht. Eine Beinflanke zirkelte Yeboah mit der linken Hacke akrobatisch ins Münchner Gehäuse. Die beiden anderen Tore für die Eintracht erzielten Andreas Möller und Dietmar Roth.

Ganz zu Beginn der Partie gegen die Bayern sahen die Eintrachtfans übrigens eine Szene, die sich ganz ähnlich knapp zwei Monate später wiederholen sollte – dann aber mit weitreichenderen Konsequenzen für die Eintracht. Nach tollem Zuspiel von Yeboah wurde Ralf Weber im Münchner Strafraum von Sternkopf zu Fall gebracht. Doch der fällige Elfmeterpfiff blieb aus. Weber bestürmte daraufhin Schiedsrichter Krug, sah die gelbe Karte und konnte nur durch einen beherzten Griff von Andreas Möller vor weiteren Attacken bewahrt werden. Doch am Abend des 21. März ahnte noch keiner, dass man heute bereits die Duplizität der Ereignisse gesehen hatte. Die Eintracht war wieder ganz nah an der Tabellenspitze. Vor dem Spitzenspiel beim BVB war der Vorsprung der Westfalen auf einen Punkt geschmolzen.

Rund 5 000 Frankfurter begleiteten ihre Mannschaft nach Dortmund. Die Borussia hatte für das Spiel mehr als 150 000 Kartenanfragen und geizte dementsprechend mit der Herausgabe von Gästetickets. Die Eintrachtler, die eine Karte bekommen hatten, konnten im Westfalenstadion bereits nach drei Minuten jubeln. Yeboah war in der eigenen Hälfte an den Ball gekommen und mit dem über den halben Platz geflitzt. Aus über 20 Metern drosch er die Kugel zur 1:0 Führung für die Eintracht ins Dortmunder Netz. Auch nach dem Dortmunder Ausgleich in der zehnten Minute erspielte sich die Eintracht gute Chancen. Die beste vergab Uwe Bein kurz vor der Pause, als er einen Freistoß an die Latte zirkelte. Kurz nach der Pause dann Entsetzen im total überfüllten Frankfurter Fanblock. Poschner hatte das 2:1 für den BVB erzielt. Doch auch die BVB-Führung hielt nicht lange. Bereits in der 55. Minute glich Falkenmayer (in seinem 300. Bundesligaspiel) per Abstauber aus. Von diesem Moment an hörte man im Westfalenstadion von der berüchtigten Südtribüne nicht mehr viel. Der Frankfurter Anhang versank im kollektiven „Deutscher Meister wird nur die SGE"- Wahn und wäre sicher vollkommen durchgedreht, hätte Sippels Kopfball drei Minuten vor Ende der Partie das Dortmunder Tor nicht um Zentimeter verfehlt. Doch auch ohne Sieg in der letzten Minute waren nach dem tollen Spiel alle Beteiligten zufrieden. Immerhin hatte die Eintracht überzeugend gespielt, und das, obwohl es in der Woche vor dem Spiel keinen Ärger gab.

Auch vor dem nächsten Spitzenspiel blieb es ruhig rund um den Riederwald. Fast könnte man behaupten, vor dem Spiel gegen den VFB Stuttgart kehrte so etwas wie Harmonie zurück. Stein versöhnte sich mit Stepanovic und Hölzenbein und kündigte an, seinen Vertrag zu erfüllen. Yeboah gefiel es in Frankfurt so gut, dass er in Erwägung zog, ein besserdotiertes Angebot aus München auszuschlagen. Und die FIFA wollte sich zum Fall Möller vorerst nicht mehr äußern.

Eintracht wird Tabellenführer und bleibt zurückhaltend

Die Frankfurter erreichen mit dem 1:1 gegen den VfB Stuttgart ihr vorletztes Etappenziel / Stepanovic ist über jeden Punktgewinn glücklich

Als dann auch noch der BVB im Freitagsspiel beim FC Nürnberg mit 2:1 verlor, hing der Himmel über Frankfurt voller Meisterschalen. 50 000 Zuschauer strömten Samstags bei wunderschönem Frühlingswetter ins Waldstadion, um die Eintracht beim Spiel gegen den VfB Stuttgart zur Tabellenführung zu schreien. Doch Christoph Daum hatte seine Mannschaft gut eingestellt. Die Frankfurter Kreativabteilung wurde in Manndeckung genommen und konnte sich aus dieser das ganze Spiel über nicht lösen. Und auch die vielen Fans waren kein 12. Mann für die Eintracht. Über weite Strecken des Spiels war es erschreckend ruhig im Waldstadion. Es schien fast so, als hätte Frankfurt Angst vor der Tabellenführung. In der 18. Minute schlug die Angst allerdings um in blanke Wut. Wie bereits zwei Wochen zuvor im Spiel gegen München war der einmal mehr überragende Weber im Stuttgarter Strafraum vom späteren Stuttgarter Torschützen Kastl gefoult worden. Doch Schiedsrichter Dellwing verweigerte den klaren Elfmeter und zeigte Weber wegen angeblicher Schwalbe sogar noch die Gelbe Karte. Knapp 20 Minuten später forderten die wütenden Fans erneut Elfmeter. Der Stuttgarter Uwe Schneider hatte Andreas Möller im Strafraum zu Fall gebracht. Wieder ließ der Schiedsrichter weiterspielen. In einer ansonsten mäßigen Partie gingen die Schwaben quasi mit dem Halbzeitpfiff mit 1:0 in Führung.

So sah die FUWO Sippels 1:1 gegen den VfB.

In der 58. Minute gelang dem fünf Minuten zuvor eingewechselten Sippel der verdiente Ausgleich. Manfred Binz hatte einen Freistoß aus etwa 20 Metern an die Latte gedroschen, Sippel konnte den zurückspringenden Ball aus kurzer Entfernung ins Tor köpfen. Endlich gab es Jubel im Waldstadion. Aber der Siegtreffer wollte nicht mehr gelingen, auch wenn Manfred Binz in der 70. Minute noch eine gute Torchance hatte. Trotz des Punktverlustes hatte die Eintracht nach knapp vier Monaten die Tabellenführung zurückerobert. Punktgleich mit dem VfB und dem BVB bescherte das bessere Torverhältnis den Platz an der Sonne. Die Freude darüber hielt sich allerdings in Grenzen. Und sie war nur von kurzer Dauer. Denn am 32. Spieltag kam die Eintracht beim Tabellenzwölften Borussia Mönchengladbach nicht über ein 1:1 hinaus. Wieder war es Joker Sippel der, einige Minuten zuvor eingewechselt, den Ausgleich für eine schwache Frankfurter Mannschaft besorgte. Da der VFB und der BVB ihre Spiele gewannen, fand sich die Eintracht auf Tabellenplatz 3 wieder. Grund zur Freude gab es trotzdem: Anthony Yeboah unterschrieb einen Zweijahresvertrag, weil es „bei der Eintracht so schön ist."

SAISON 1991/1992

Eine Woche später begann die Eintracht am Ostersamstag im Heimspiel gegen den Abstiegskandidaten SG Wattenscheid wie in alten Zeiten. Die Mannschaft spielte den aus der Vorrunde gekannten „Fußball 2000", allerdings auch mit den Versäumnissen der Vorrunde. Mehr als eine 1:0-Führung durch Manfred Binz sprang in den ersten 45 Minuten nicht heraus. Und das, obwohl die SG Wattenscheid den Ball außer beim Anstoß kein einziges Mal richtig zu Gesicht bekommen hatte. Gut ein halbes Dutzend hochkarätiger Chancen versiebten die Frankfurter Ballzauberer und durften sich am Ende nicht beschweren, als Wattenscheid in der zweiten Halbzeit besser ins Spiel kam und sechs Minuten vor Ende der Partie den Ausgleich erzielte. Selbst die Einwechslung von Gründel und Kruse, die nach langer Zeit wieder zum Einsatz kamen, konnten das Unheil nicht mehr verhindern.

Wieder schien der Titel bei zwei Punkten Rückstand auf Tabellenführer Dortmund in weite Ferne gerückt. Doch auf die Enttäuschung vom Ostersamstag folgte ein Spiel, das

Tabellenführer: Bein und Möller nach dem 3:1 in Leverkusen.

wohl kein Eintrachtfan, der vor Ort war, je vergessen wird. Schauplatz der Begegnung war das ausverkaufte Leverkusener Ulrich-Haberland-Stadion. Übrigens das alte Haberlandstadion, mit Stehblöcken, Kurve und alter Anzeigetafel. Im Gästeblock G drängten sich am 25. April bei tollem Frühlingswetter Tausende von Eintrachtfans und

Nun glauben alle an den Titel

hofften auf ein Wunder. Auch auf der Gegentribüne hatten sich viele Frankfurter eingefunden. Die erwartungsfrohen Fans ahnten nicht, was sich gegen 15 Uhr in der Dusche der Gästekabine abspielte. Stepanovic versammelte den Spielerrat um sich und schlug vor, den Leverkusenern unerwartet offensiv zu begegnen. Aus diesem Grund wollte er Frank Möller durch Gründel ersetzen. Die Spieler waren einverstanden.

Und der Tausch erwies sich als Glücksgriff. Gründel fügte sich problemlos in die Mannschaft ein. Die Eintracht zeigte beim Tabellenvierten eine ihrer besten Saisonleistungen. In der 23. Minute erzielte Andreas Möller die 1:0-Führung. Danach vergab die Eintracht wieder Chancen, aber diesmal ließ sie sich den Sieg nicht nehmen. In der 69. Minute sorgte Weber für die Vorentscheidung, Falkenmayer machte in der 78. Minute alles klar. Und zur allgemeinen Freude kam aus Stuttgart die frohe Kunde, dass der VFB gegen Spitzenreiter Dortmund in Führung lag. Das 1:3 der Leverkusener in der 90. Minute interessierte längst nicht mehr. Der Abpfiff des Schiedsrichters war der Anpfiff zu einer der grandiosesten Siegesfeiern, die der Autor dieser Zeilen bis dato erlebt hat. Die vielen mitgereisten Eintrachtfans drohten durchzudrehen. Einzelne Spieler tobten vorm Block, Uli Stein kletterte auf den Zaun und fiel fast in die johlende Menge.

Als wenige Minuten später auf der alten Anzeigetafel die aktuelle Tabelle präsentiert wurde, hatte noch kein Eintrachtfan den Ort des Triumphes verlassen. Die Tabelle wurde auf recht eigentümliche, aber für alle Frankfurter um so schönere Weise bekanntgegeben. Nacheinander wurden alle Mannschaften vom 20. Platz an eingeblendet. Unter dem immer lauter werdenden Jubel erschien das Spitzenquartett auf der Anzeigetafel: 4. Leverkusen–3. Dortmund–2. Stuttgart–1. Frankfurt. Was sollte jetzt noch schiefgehen? Den Kopf voller Pläne für die kommende Meisterschaftsfeier machten sich die verzückte Eintracht-Karawane auf den Weg nach Hause. Keiner ahnte zu diesem Zeitpunkt, dass der unauffällige Schiedsrichter, der die Partie in Leverkusen souverän geleitet hatte, die Eintracht knapp vier Wochen später ins Unglück stoßen würde: Alfons Berg aus Konz.

Eine Woche nach dem grandiosen Spiel in Leverkusen kam der Abstiegskandidat MSV Duisburg ins Waldstadion. Die Eintracht tat sich schwer gegen die defensiv eingestellten Zebras. In der 29. Minute verletzte sich zu allem Überfluss auch noch Uwe Bindewald. Für ihn schickte Stepanovic Stefan Studer aufs Feld. Trotz weiterhin mäßigem Spiel stieg die Stimmung unter den 30 000 im Stadtwald stetig. Auf der Anzeigetafel wurden die Ergebnisse aus den anderen Stadien eingeblendet, und die bereiteten den Fans viel Freude. Borussia Dortmund lag gegen Mönchengladbach mit 0:2 zurück, der VFB Stuttgart bei den Stuttgarter Kickers mit 0:1. Immer wieder konnte man auf dem Platz Eintrachtspieler beobachten, die auf die Anzeigetafel schielten. La Ola rollte durchs Stadion und das „Eintracht, Eintracht" wurde lauter und lauter. Und nachdem in der 61. Minute endlich Lothar Sippel eingewechselt wurde, wurden auch die Angriffe der Eintracht wütender. Trotzdem dauerte es bis zur 82. Minute, ehe Sippel die Fans mit dem 1:0 erlöste. Danach war der Bann gebrochen. In der 87. Minute erhöhte wiederum Sippel auf 2:0 und als in der 89. Minute Yeboah noch zum 3:0 Endstand traf, stimmte der 30 000 Kehlen starke Chor mal wieder in das erwartungsfrohe „Deutscher Meister wird nur die SGE" ein. Im altehrwürdigen Waldstadion spielten sich herzzerreißende Szenen ab. Viele Fans sahen die Eintracht bereits mit zwei Punkten Vorsprung an der Tabellenspitze. Doch sie hatten die Rechnung ohne die Stadionregie gemacht. Die hatte nämlich die ebenfalls in der Schlussphase gefallenen Tore in Stuttgart und Dortmund aus psychologischen Gründen nicht mehr auf der Videowand eingeblendet. Nach Spielende wurde das zur Ernüchterung der schockierten Eintrachtler nachgeholt. Der VFB Stuttgart hatte in den letzten Minuten noch mit 3:1 gewonnen, Dortmund gelang in der letzten Sekunde der Ausgleich gegen Gladbach.

Doch auch das brachte die Eintracht nicht mehr aus dem Konzept. Bereits drei Tage nach dem 3:0 gegen den MSV stand das Spiel in Karlsruhe auf dem Programm. Gut und gerne 5 000 Ein-

Selbstbewußte Eintracht steuert nach dem 2:0 beim KSC auf Titelkurs
Der Glaube wird immer größer

trachtfans befanden sich unter den 28 000 Zuschauern in der Baustelle Wildparkstadion, auf der sich die neue Haupttribüne bereits im Rohbau befand. Einige Frankfurter entzogen sich der drückenden Enge im Stehplatzsektor, indem sie kurzerhand auf die Haupttribüne kletterten, was den Sicherheitsbeamten natürlich nicht gefiel. Die Eintracht spielte in Karlsruhe selbstbewusst auf und ging in der 16. Minute durch Yeboah mit 1:0 in Führung. Aber auch der KSC hatte Chancen, doch Stein rettete in seinem 400. Bundesligaspiel einige Male in höchster Not. In der 66. Minute besorgte Gründel nach feinem Pass von Bein das 2:0 und konnte es sich beim folgenden Torjubel nicht verkneifen, seinem ungeliebten Trainer die geballte Faust zu zeigen. Die geballte Faust würde ich gerne noch einmal jenem Fan im Frankfurter Block zeigen, der kurz nach dem 2:0 für die Eintracht freudestrahlend verkündete, der VFB läge gegen Gladbach mit 0:1 zurück. Leider hatte der Herr seine Ohren wohl nicht so genau am Radio, denn in Gladbach stand es längst 1:0 für den VFB. Obendrein hatte er nicht den Mumm, seine Falschauskunft, die alle Umstehenden in den siebten Himmel gebeamt hatte, zu berichten. Aber als nach Schlusspfiff das richtige Ergebnis aus Gladbach verkündet wurde und außerdem bekannt wurde, dass auch der BVB sein Spiel gewonnen hatte, tat das der guten Stimmung in der Frankfurter Kurve trotzdem keinen Abbruch. Bis tief in die Nacht feierten einige Frankfurter im Karlsruher Vogelbräu die kommende Meisterschaft.

In den folgenden Tagen wurde das Thema Meisterschaftsfeier erstmals in der Presse behandelt. Neben dem üblichen Empfang am Römer wurde am Paulsplatz eine große Party geplant. Auch die Vertragsmodalitäten wurden bekanntgegeben. Die Meisterschaftsprämie für die Spieler betrug satte 40 000 Mark. Einzige Ausnahme: Andreas Möller. Der sollte für den Titel 200 000 Mark erhalten. Möllers Berater, der beurlaubte Manager Klaus Gerster, sollte ebenfalls eine Prämie erhalten.

Die Nerven lagen blank: Yeboahs 2:2 gegen Bremen läßt Eintracht weiter vom Titel träumen
Der Vorhang fällt erst in Rostock

Die Fans deckten sich mit Eintrittskarten ein. Beim letzten Heimspiel gegen den SV Werder Bremen rechnete die Eintracht mit mehr als 50 000 Zuschauern. Und auch der Vorverkauf für das letzte Saisonspiel lief prächtig. Fast 10 000 Eintrachtfans wollten dabei sein, wenn Uli Stein in Rostock die „Salatschüssel" in Empfang nehmen sollte.
Gegen Bremen waren es dann doch nur 46 000 Fans, die den vorletzten Schritt auf dem Weg zur Meisterschaft sehen wollten. Der denkwürdige 9. Mai 1992 war ein verregneter Tag, was aus heutiger Sicht allerdings nur als eine schlechte Ausrede für ein nicht ausverkauftes Haus gelten kann. Bei optimalen Ergebnissen konnte die Eintracht auf Grund der besseren Tordifferenz an dem Tag zum ersten Mal nach 33 Jahren wieder Deutscher Meister werden und zu so einem Termin blieben fast 15 000 Plätze im Waldstadion unbesetzt! Aus heutiger, Ultras-Choreographien-verwöhnter Sicht erscheint es auch unverständlich, dass es beim Spiel gegen Bremen keine besondere Aktion der Fans gab. Einzig über dem L-Block schwebten in sechs bis sieben Meter Höhe einige große Luftballons in Eintrachtfarben, an denen eine Fahne baumelte.
Als die beiden Mannschaften um 15 Uhr 30 das Spielfeld betraten, herrschte im Stadion neben großem Jubel gleichzeitig auch eine wahnsinnige Anspannung. Aus psychologischen Gründen sollten keine Ergebnisse auf der Videotafel verkündet werden. Viele Fans hofften, dass den Bremer Spielern, die drei Tage zuvor den Europapokal gewonnen hatten, die Feier noch in den Knochen stecken würde. Vorerst wurde die Hoffnung bestärkt. Sippel und Yeboah kamen zu guten Torchancen. In der 20. Minute war es dann Möller, der die Eintracht nach tollem Pass von Bein mit 1:0 in Führung brachte. Auch danach erspielte sich die Eintracht gegen die harmlosen Bremer gute Torchancen, aber das 2:0 wollte einfach nicht fallen. Selbst als Yeboah dem Bremer Torhüter Rollmann den Ball aus den Händen spitzelte, brachte er es nicht fertig, diesen aus sechs Metern Entfernung ins Tor zu schießen. In der zweiten Halbzeit passierte das, was viele befürchtet hatten. Die Bremer kamen besser ins Spiel. Die erwartungsfrohen Fans im Stadion wurden unruhig, die Eintrachtspieler wurden immer hektischer. In der 77. Minute nutzte der Bremer Rufer diese verfahrene Situation zum Ausgleich. Viele Fans hatten die Katastrophe des Ausgleichs noch gar

Entsetzte Blicke nach dem Bremer Führungstreffer. Ralf Weber und Uli Stein sind ratlos.

nicht realisiert, als die Eintracht im direkten Gegenzug schon wieder vor dem Bremer Gehäuse auftauchte. Yeboah kam an den Ball, drehte sich, schoss – und traf nur den Pfosten (78. Minute). Wiederum nur eine Minute später traf Allofs per Kopf zum 2:1 für Bremen (79. Minute). Im Waldstadion herrschte entsetztes Schweigen. Die Meisterschaft, für die die Fans im vergangenen Jahr über so viel Querelen hinweggesehen hatten, war meilenweit von der Eintracht entfernt. Doch die Mannschaft rappelte sich noch einmal auf und kämpfte. Das Publikum hatte in den Minuten nach dem Bremer Tor kapituliert. Die Mannschaft nicht. Und die Minuten der Resignation, die ich heute als unendliche Zeit in Erinnerung habe, waren schnell vorbei. Bereits in der 81. Minute gelang Yeboah, der in diesem Spiel so viele Chancen vergeben hatte, der vielumjubelte Ausgleich. Jetzt war auch die Kulisse wieder da. Noch einmal versuchte die Mannschaft alles, angetrieben von mehr als 40 000 Menschen, die ihren gemeinsamen Traum von der Meisterschaft nicht so einfach zerplatzen lassen wollten. Aber die Zeit lief der Eintracht davon. Die letzte Spielminute war bereits angebrochen, als Uwe Bein mit dem Ball am Fuß im Bremer Strafraum auftauchte und die Hoffnung auf ein Happy-End nährte. Doch der Bremer Eilts holte den Frankfurter Spielmacher unfair von den Beinen. Tausende entsetzter Augenpaare fixierten die Bewegung des Schiedsrichters. Und der ließ weiterspielen! Lothar Löwer aus Unna ließ weiterspielen. Ein wütendes Pfeifkonzert begleitete jede weitere Bewegung des Schiedsrichters. War die Eintracht nicht schon gegen Bayern und Stuttgart um einen Elfmeter betrogen worden? Kurz nach der Entscheidung, die die Fans auf die Barrikaden brachte, pfiff Löwer die Partie ab. Der Stadionsprecher konnte die geladene Stimmung etwas entschärfen. Dortmund hatte sein Spiel gewonnen, aber der VFB hatte daheim nur Unentschieden gespielt. Vor dem letzten Spieltag waren die Eintracht, der BVB und der VFB also Punktgleich. Das Torverhältnis sprach aber weiterhin für die Eintracht. Die Entscheidung über Triumph oder Tragödie musste am letzten Spieltag in Rostock fallen.

16. MAI 1992

16. MAI 1992

5

Die Woche vor dem großen Spiel begann gewohnt hektisch. Die FIFA hatte für den 14. Mai eine Verhandlung im Fall Möller angekündigt. Doch Andreas Möller kam der Sitzung zuvor. Bereits einen Tag nach dem 2:2 gegen den SV Werder Bremen flog er mit Gerster heimlich nach Turin und setzte bei Juventus seine Unterschrift unter einen Vertrag zum 1. Juli 1992. Gleichzeitig bot er großzügig eine Option an, nach der er noch ein Jahr in Frankfurt bleiben könnte. „Wir haben alles versucht, um ein optimales Ergebnis zu erreichen", sprach Andreas und erinnerte an seine „moralische Verpflichtung". Tatsächlich dürfte er eher eine Vereinbarung im Kopf gehabt haben, die ihn zu einer Zahlung von fünf Millionen Mark an die Eintracht verpflichtete, sollte er Frankfurt bereits 1992 verlassen. Hölzenbein lehnte Möllers „Entgegenkommen" dankend ab. Von den erneuten Eskapaden Andreas Möllers ließ sich die Eintrachtgemeinde jedoch nicht mehr aus der Ruhe bringen. Zu oft hatte es in der Saison schon Theater rund um den selbsternannten „Frankfurter Bub" gegeben. Und der Ärger hatte offensichtlich nie geschadet – hatte die Eintracht doch gerade nach Querelen oft wie entfesselt aufgespielt. Insofern wurde der erneute Ärger in gewisser Weise als positives Omen für das anstehende Endspiel gewertet. Die Eintracht hatte vor Rostock alle Trümpfe in ihrer Hand. Punktgleich lag sie mit dem VFB Stuttgart und Borussia Dortmund an der Spitze, hatte aber das weitaus bessere Torverhältnis (SGE: +36, VFB: +29, BVB: +18.) Ein Sieg bedeutete quasi die Meisterschaft, sollte nicht der VFB haushoch in Leverkusen gewinnen. Bei einem Unentschieden in Rostock durften auch die beiden Verfolger ihre Spiele nicht gewinnen. Eine Niederlage der Eintracht würde ihr ebenfalls die Meisterschale bescheren, wenn der VFB und der BVB ebenfalls verlieren würden. Aber auch für die Gegner der Meisterschaftskandidaten ging es noch um einiges. Rostock und Duisburg durften bei einem Sieg noch auf den Klassenerhalt hoffen und Leverkusen wollte in den Europapokal.

An eine mögliche Niederlage in Rostock dachte bei der Eintracht allerdings keiner. Immerhin war die Mannschaft seit 13 Spielen ungeschlagen und überdies mit acht Siegen in der Fremde die beste Auswärtsmannschaft der laufenden Saison. Hansa Rostock hingegen hatte die letzten fünf Spiele in Folge verloren. Die Konstellation „ungeschlagen" und „sieglos" hätte eigentlich jeden Eintrachtler skeptisch machen müssen. Ebenso eine kleine Parallele, die noch einer endgültigen Bestätigung bedurfte: die Statistik gegen die beiden „Ost-Neulinge". Beide Heimspiele gegen die Ostvertreter hatte die Eintracht gewonnen. Das Auswärtsspiel in Dresden allerdings ging verloren – mit 1:2.

Zwischen dem 10. und 16. Mai schwebte Frankfurt im Meisterschaftswahn. Die Zeitungen berichteten teilweise ganzseitig über die Eintracht. Die Helden von 1959 waren wieder in aller Munde und mussten Auskunft geben, was es denn für ein Gefühl sei, die Meisterschale in den Händen zu halten. Auf allen Radiokanälen war das letzte Saisonspiel der Eintracht Thema Nummer Eins. Für Fans, die nicht nach Rostock reisen konnten, wurde auf dem Paulsplatz eine große Videoleinwand aufgebaut.

Rostock mobilisierte die Massen. Während der ganzen Saison war die Eintracht in der Zuschauerstatistik nicht über Platz 7 hinausgekommen. Während die Stadien bei Auswärtsspielen der Eintracht oft ausverkauft waren, kamen in Frankfurt im Schnitt gerade mal 30 178 Fans. Die fast 700 Kilometer bis Rostock wollten jetzt aber Tausende von Frankfurtern gerne in Kauf nehmen. Jeder wollte dabei sein, wenn Uli Stein mal wieder den Zaun vor der Frankfurter Kurve erklimmen würde. Wie würde er sich wohl diesmal anstellen, wenn er dabei beide Hände voll hätte?

Trainer Stepanovic hatte vor dem Spiel einige Sorgen. Die Verletztenliste war lang. Gründel, Bein, Sippel, Studer und Bindewald waren angeschlagen. Plötzlich stand eine Alternative im Raum, die spaßeshalber schon einige Male diskutiert wurde. Co-Trainer Charly Körbel wurde in seiner aktiven Zeit mit der Eintracht nie Meister. Ab und an wurde gescherzt, dass Körbel die letzten Minuten in Rostock spielen dürfte, wenn die Meisterschaft am letzten Spieltag bereits entschieden wäre. So hätte der treue Charly auch als Spieler den Titel „Deutscher Meister" errungen. Aber nun wurde aus dem Spaß Ernst. In den Tagen vor dem 16. Mai trainierte Körbel plötzlich wieder mit der Mannschaft und Mitte der Woche verkündete Stepanovic: „Wenn jetzt noch einer in der Abwehr ausfällt, sitzt Charly mindestens als Auswechselspieler auf der Bank." Aber nach und nach entspannte sich die Lage. Natürlich wollte sich kein Spieler das alles entscheidende Spiel entgehen lassen.

Und dann begann für Spieler, Funktionäre und Fans das Abenteuer Rostock, an dessen Ende der Gewinn der Deutschen Meisterschaft stehen sollte.

Freitag, 15. Mai 1992
Am 15. Mai um 11 Uhr 15 startet die Eintracht mit einer Sondermaschine in Richtung Meisterschale. Da es in Rostock keinen Flughafen gibt, landet der Flieger im zirka 50 Kilometer entfernten Barth. Bei wunderschönem Wetter beziehen die Spieler im Grandhotel in Müritz ihre Zimmer. Abends gibt es ein lockeres Training, um vom kommenden Tag etwas abzulenken.

Während die Spieler in der Abendsonne von Müritz Flanken schlagen und Kopfbälle versenken, drängt es viele Eintrachtfans noch einmal vor den Fernseher. Der Hessische Rundfunk sendet im Dritten Fernsehprogramm das Endspiel von 1959. Kaum einer kann sich an die Ereignisse von damals erinnern, aber jeder möchte schon am Abend vor dem großen Tag die Meisterschale in den Händen von Eintrachtspielern sehen.

Meisterliche Träume: Die Nacht vor dem Spiel im Bus des Fan-Club West-Unterliederbach.

Im Laufe des Abends machen sich dann nach und nach mehr als 10 000 Anhänger auf den Weg Richtung Rostock. Vom Bahnhof Sportfeld aus starten zwei Sonderzüge. Außerdem fahren mehr als 80 Busse und unzählige Privatwagen an die Ostsee.

Bereits in der Nacht erreichen die ersten Fans die Hansestadt. Treffpunkt ist für viele der Parkplatz vor dem Stadion. Hier reihen sich die Autos mit hessischem Kennzeichen aneinander. In der lauen Frühlingsnacht werden einige Bier getrunken, bevor sich viele Eintrachtler noch einmal ein paar Stunden schlafen legen und vom bevorstehenden großen Tag träumen.

Samstag, 16. Mai 1992
Nach und nach treffen immer mehr Eintrachtfans in der Hansestadt ein. Haupttreffpunkt für sie ist die Fußgängerzone von Rostock. Andere nutzen das schöne Wetter, um noch einmal am Strand der Ostsee die stinkenden Füße ins Wasser zu strecken. Fansprecher Anjo Scheel hat ganz andere Sorgen. Der Bus der Frankfurter Adlerfront ist von der Polizei direkt zu einer Turnhalle geleitet worden. Aus Angst vor Randale sollen die Jungs dort vorsorglich in Gewahrsam genommen werden. Zusammen mit den Frankfurter Zivilbeamten versucht Anjo, die Hools frei zu

bekommen: „Für die Jungs ist das die erste Möglichkeit, Meister zu werden. Was meinen Sie, was hier los ist, wenn Sie die nicht ins Stadion lassen und die Eintracht holt den Titel?" Während an einem Ausgang der Turnhalle wild diskutiert wird, schleichen sich einige Hools heimlich aus dem anderen, unbewachten Ausgang. Gut 20 Frankfurtern gelingt die Flucht nicht. Sie verbringen den Nachmittag in der Turnhalle, ausgestattet mit einem kleinen Transistorradio.

Gegen 15 Uhr ist die Gästekurve im Ostseestadion bereits gut gefüllt. Auch auf der Gegentribüne haben sich Tausende von Eintrachtfans versammelt. Viele Frankfurter inspizieren als erstes den Zaun (gefährliche Zacken!) zum Spielfeld. Zur Meisterfeier will man natürlich den Platz stürmen. Als die Mannschaften das Feld betreten, um sich warm zu machen, flitzen schon die ersten Fans auf den Platz. Sie wünschen den Spielern viel Glück und kehren unbehelligt zurück in den Fanblock.

Während in den Frankfurter Blöcken im Ostseestadion gespannte Erwartung herrscht, regiert im KOZ an der Frankfurter UNI derweil das helle Chaos.

Auch Günter aus dem Tannenbaum, einer Bockenheimer Kneipe, kann es nicht fassen. Zusammen mit mehreren hundert Eintrachtfans hockt er im völlig überfüllten Saal. Die Veranstalter haben eine Übertragung des Spiels versprochen, werkeln jetzt aber hektisch an der Satellitenschüssel herum. Auf der aufgebauten Videowand tut sich nicht viel. Um 15 Uhr15 dann die Durchsage „Sorry, die Technik versagt". Zusammen mit seinem kleinen Sohn drängt Günter in Richtung des viel zu kleinen Ausgangs. Kurze Zeit später bildet sich der einzige Eintrachtkonvoi des Wochenendes. Von der Bockenheimer Warte aus rasen die meisten Fans per Fahrrad zur Videowand am Paulsplatz, um doch noch etwas vom Spiel mitzubekommen.

Auch dort herrscht großes Gedränge. Etwa 4000 Fans haben sich hier versammelt, um den Titel gemeinsam zu feiern.

16. Mai 1992, 15 Uhr 30: Bei strahlendem Sonnenschein betreten die beiden Mannschaften das Spielfeld.

26. Spielminute: Andreas Möller hat sich den Ball zu weit vorgelegt, Hoffmann kann abwehren.

Ostseestadion Rostock, 15 Uhr 30

Um 15 Uhr 30 beginnt das Spiel, das für viele Spieler und Fans der Höhepunkt ihrer Karriere werden soll. Die Eintracht spielt mit folgender Aufstellung: 1 Stein, 2 Roth, 3 Weber, 4 Bindewald, 5 Binz, 6 Frank Möller, 7 Andreas Möller, 8 Falkenmayer, 9 Yeboah, 10 Bein, 11 Kruse. Stepanovic hat sich im Sturm für Kruse entschieden, weil er glaubt, dass der Ex-Rostocker gegen seine alten Kameraden besonders motiviert sein wird. Leidtragender dieser Maßnahme ist Andersen, der auf der Tribüne Platz nehmen muss. Für Verwunderung sorgt auch die Tatsache, dass Frank Möller von Anfang an spielt. Während über dem ausverkauften Ostseestadion ein Flugzeug mit einer „Hansa for ever"-Fahne kreist, pfeift Schiedsrichter Alfons Berg die Begegnung an. Die Eintracht hat Anstoß und erhält bereits nach wenigen Sekunden einen Freistoß in der Hälfte der Hansa. Bein schlägt einen Pass in den Strafraum, Yeboah kommt an den Ball und flankt, aber die Rostocker Abwehr schlägt den Ball aus der Gefahrenzone. Danach ist Hansa am Drücker, doch zwei Ecken bringen zwar eine gute Chance, aber kein Tor. Zusätzliche Motivation erhalten die Hanseaten von der Auswechselbank. Gladbach ist in Wattenscheid mit 1:0 in Führung gegangen. Die Nachrichten, die die Eintracht betreffen, sind weniger gut. Um 15 Uhr 38 macht der BVB in Duisburg das 1:0 und übernimmt damit die Tabellenführung. Die Eintracht muss jetzt gewinnen und in der 13. Minute gelingt ihr fast die erlösende Führung. Binz hat Anreas Möller mit einem tollen Steilpass bedient, doch der scheitert an Hoffmann. Unmittelbar danach wird Kruse am Rostocker Strafraum gefoult. Der Ball gelangt allerdings zu Weber, der frei vor dem Rostocker Tor auftaucht. Aber Schiri Berg pfeift den Vorteil ab und gibt Freistoß für Frankfurt. Binz schießt über das Tor. Um 15 Uhr 48 verkündet die Anzeigetafel das 1:0 für Leverkusen gegen Stuttgart. Bei den Fans keimt Hoffnung auf und sie stimmen zum letzten Mal in der Saison das Lied vom Deutschen Meister, der nur die SGE sein wird, an. Aber die Eintracht spielt nervös gegen die tapfer kämpfenden Rostocker. Uwe Bein wird eng gedeckt und kann kaum Akzente setzen. Und Andreas Möller scheint vollkommen von der Rolle. Das Spiel läuft scheinbar an ihm vorbei. Bei einem

DAS ROSTOCK-TRAUMA

Rückpass von Roth auf Stein ist um ein Haar Weichert dazwischen. Ein Schus von Spiess streift aus 20 Metern Entfernung knapp am Frankfurter Tor vorbei. Ein TV-Reporter, der auf der Tribüne Statements von Prominenten einfängt verkündet in diesen Minuten „Bernd Hölzenbein ist nicht ansprechbar". Der Vizepräsident sitzt kreidebleich und bewegungslos auf seinem Platz. In der 26. Minute hat die Eintracht wieder eine große Chance. Der überragende Falkenmayer spielt auf Kruse, doch dessen Heber wird vom herauslaufenden Hoffmann mit einer Hand abgewehrt. Fast im Gegenzug wieder Hansa. Ein 20-Meter Schuss von Spies wird von Roth abgefälscht und geht knapp am Frankfurter Gehäuse vorbei. Dann endlich ein Traumpass von Uwe Bein. Er bedient Andreas Möller, doch der legt sich den Ball zu weit vor. Hansa-Torwart Hoffmann ist dazwischen. Um 16 Uhr 11 gelingt dem VFB Stuttgart in Leverkusen dank eines geschenkten Elfmeters der Ausgleich. In Wattenscheid steht es zu dem Zeitpunkt 2:1 für Mönchengladbach.
Zur Halbzeit ist die Eintracht hinter dem BVB Tabellenzweiter, Rostock steht auf dem vorletzten Tabellenplatz, allerdings punktgleich mit dem Tabellenfünfzehnten Wattenscheid. Ein Sieg würde Hansa Rostock zu diesem Zeitpunkt vor dem Abstieg retten.
Die Eintracht startet engagiert in die zweite Halbzeit. Bereits in der 46. Minute setzt sich Weber auf der linken Seite durch und flankt in die Mitte. Der Ball wird abgefälscht und kommt zu Kruse, der donnert ihn volley über das Tor.
In der 52. Minute bringt Stepanovic Lothar Sippel (12) für Frank Möller. Die Eintracht macht weiter Druck. Bein schießt einen Freistoß aus gut 30 Metern Entfernung ins linke untere Eck, Hofmann hält. In der 60. Minute macht Böger fast sein fünftes Saison-Eigentor. Doch der hohe Rückpass verfehlt den Torhüter, leider auch knapp das Tor. Kurz darauf ist Andreas Möller mit dem Ball

Der Anfang vom Ende: In der 52. Minute erzielt Dowe das 1:0 für Rostock.

im Strafraum, doch seine Flanke wird abgeblockt. Im Gegenzug fällt das zu dem Zeitpunkt überraschende 1:0 für Hansa. Dowe läuft seinem Bewacher Roth davon und schiebt eine Flanke zum 1:0 in die Maschen. In der Frankfurter Kurve brechen jetzt nicht nur Welten zusammen. Auch die ein oder andere morsche Holzbank geht zu Bruch.
Die unglaubliche Anspannung in den total überfüllten Blöcken sucht sich ein Ventil. Während Trainer, Spieler und Fans noch schockiert sind, ist einer schon wieder am Anfeuern: Ersatztorwart Thomas Ernst rennt an die Seitenlinie und treibt die verstörten Frankfurter Spieler verzweifelt nach vorne. In der Situation muss Stepanovic handeln. Körbel marschiert mit Edgar Schmitt Richtung Spielfeld. Schmitt soll für Kruse ins Spiel kommen. Immerhin hat er in der Woche vor dem Spiel mehrfach angekündigt, das entscheidende Tor für die Eintracht zu machen. Die geplante Einwechslung verzögert sich, weil die Eintracht schon wieder angreift. Weber setzt sich einmal mehr auf der linken Seite durch, flankt hoch in den Strafraum und ausgerechnet der Spieler, der eigentlich ausgewechselt werden sollte, trifft per Kopf zum Ausgleich. Jubel auf Frankfurter Seite. Aber noch ist es kein befreiender Jubel. Die Anspannung bleibt. Ein Tor fehlt. Trotz dichter Polizeikette toben die Fans am Zaun. Der Stadionsprecher meldet sich zu Wort: „Liebe Fans aus Frankfurt, bitte lassen Sie unsere Zäune heil. Wir brauchen sie auch noch im nächsten Jahr." Nach Kruses Tor wird die Einwechslung von Schmitt um einige Minuten verschoben. Die Eintracht stürmt weiter. Bindewalds Flanke faustet Hoffmann aus dem Strafraum, Kruse schießt aus spitzem Winkel über das Tor. Kurze Zeit später läuft Kruse auf das Rostocker Tor zu, aber Hoffmann springt wie Oli Kahn zu besten Zeiten in den Frankfurter Stürmer. Kruse geht zu Boden, der Ball kommt zu Yeboah. Doch der schießt aus spitzem Winkel am leeren Tor vorbei. Die Anspannung im Sta-

Ralf Falkenmayer zeigte in Rostock eine überragende Leistung.

Anthony Yeboah scheitert am Torhüter Hoffmann.

Die 76. Minute: Böger zieht Weber mit hundsgemeinem Blick von hinten die Beine weg.

dion ist längst unerträglich. Charly Körbel rennt in die Kurve und fordert die Fans mit rudernden Armbewegungen auf, die Mannschaft weiter anzufeuern. Edgar Schmitt (15) kommt für den erschöpften Kruse.

Um 17 Uhr 02 geschieht dann das Unfassbare, dass viele Frankfurter bis heute nicht verarbeitet haben. Es läuft die 76. Spielminute und die Eintracht startet den vielleicht schönsten Angriff des Spiels, eine letzte Hommage an den Fußball 2000. Der unermüdliche Weber spielt den Ball steil an den Strafraum auf Bein, der köpft weiter auf Andreas Möller. Andreas Möller spielt ebenfalls per Kopf weiter zu Yeboah. Der Stürmer ist im Strafraum von einem Gegenspieler bedrängt, lässt die Kugel aus diesem Grund einfach nur abtropfen und bringt damit den mitgelaufenen Weber in eine optimale Schussposition. Weber ist etwa sieben Meter vor dem Tor frei und unbedrängt am Ball. Den einzigen Gegenspieler bindet Yeboah. Torwart Hoffmann klebt als kleines, unbedeutendes Hindernis auf dem Weg zu Glanz und Gloria ängstlich auf der Linie. Weber läuft einen Schritt mit dem Ball und will die begehrte Schale nach Frankfurt schießen, als ihm der Rostocker Böger von hinten die Beine wegtritt. Weber fällt und der Ball trudelt ins Toraus.

Schiedsrichter Berg zögert nicht lange. Er hebt seinen Arm – und entscheidet auf Torabstoß! Ungläubiges Entsetzen bei allen Frankfurtern. Jeder im Stadion hat das glasklare Foul gesehen. Aber Berg lässt weiterspielen. Auch die Linienrichter wollen nichts gesehen haben. Weber rastet zum ersten Mal aus. Er läuft dem Schiri über den halben Platz hinterher und ist auch kaum zu beruhigen, als das Spiel längst

86. Spielminute: Edgar Schmitt trifft nur den Innenpfosten.

wieder läuft. Mehrfach muss Manni Binz mit Gewalt verhindern, dass Weber dem Schiedsrichter an den Kragen geht. Auch Charly Körbel ist an der Seitenlinie kaum zu halten. Vor lauter Wut reißt er die Fahne an der Mittellinie aus der Verankerung und wirft sie auf den Boden. Währenddessen geraten im Frankfurter Fanblock immer mehr Fans mit der aufmarschierten Polizei aneinander. Kurz nach dem Foul an Weber wird Sippel am Rostocker Strafraum zu Fall gebracht. Hoffmann hält den von Bein getretenen Freistoß. Während der ausgewechselte Kruse von Premiere am Spielfeldrand interviewt wird („Einen besseren Elfmeter gibt es nicht. Der Ralf war doch durch, er musste nur noch schießen") hat Spies eine große Chance, aber Stein rettet.

Der Geist vom Römer: Gut 5000 Fans feiern den Tabellendritten.

abgehandelt, danach singt der „Hanauer Beat Express" hilflos gegen die deprimierte Stimmung an. Hektisch wird es noch einmal kurz vor Mitternacht. Klaus Gerster stürmt wutschnaubend in den Ballsaal und sucht ZDF-Mann Reif, um ihn zur Rede zu stellen. Zu Hause vor dem Fernseher hatte er gesehen, wie Reif spekulierte, dass „Gerster entlassen wird und schon Binz bei Bergamo angeboten haben soll." Der Anblick von Gerster ist für viele Gäste an diesem Tag zu viel des Schlechten. Die Stimmung ist jetzt hochgradig gereizt. Nach kurzer Absprache zwischen Stein und Ohms komplimentiert der Präsident seinen beurlaubten Manager vor die Tür.
Die Nacht nach Rostock verbringt die Mannschaft im Hotel. Viel schlafen kann keiner. Einige versuchen sich in der Disco abzulenken, andere versenken ihren Frust in Cocktails und Bier. Am nächsten Morgen steht die gemeinsame Fahrt zum Rathaus an. Im Römer soll es trotz der verpassten Meisterschaft einen Empfang geben.

Sonntag, 17. Mai 1992

Die Stimmung bei den Spielern ist am Morgen des 17. Mai 1992 immer noch auf dem Nullpunkt. Keiner hat Lust, sich im Römer noch einmal Reden anzuhören und danach einer Hand voll Fans auf dem Römerberg zuzuwinken. Trotzdem fahren alle gemeinsam in die Stadt.
Während der Fahrt hat keiner eine Ahnung davon, was bereits auf dem Römerberg los ist. Natürlich sind auch die Fans wahnsinnig enttäuscht. Aber viele haben sich auf der nächtlichen Heimfahrt vom Ort des Grauens überlegt, dass die Mannschaft auf jeden Fall ein Dankeschön verdient hat. Immerhin hat sie in der vergangenen Saison oft begeisternd gespielt und zur Meisterschaft fehlte ihr letztlich nur ein Quäntchen Glück. So machen sich im Laufe des Vormittags viele enttäuschte, übermüdete Fans auf den Weg zum Römer. An Schlaf mag eh kaum einer denken.
Als die Mannschaft das altehrwürdige Rathaus betritt, herrscht auf dem Römerberg trotzige

Stimmung. Während im Kaisersaal mehr Gemälde von gekrönten Häuptern ernst von der Wand blicken als traurige Gäste vor Ort sind, haben sich draußen gut 5 000 Fans eingefunden. Und als die Spieler den Balkon betreten und die Massen sehen, trauen sie ihren Augen kaum. Die Fans singen vom „Deutschen Meister", diesmal aber vom „wahren Deutschen Meister". Gegenseitig putscht man sich auf. Die Fans feiern die Mannschaft und schimpfen auf den Schiedsrichter. Einige Spieler finden vorübergehend ihre gute Laune wieder, tanzen und strippen auf dem Balkon des Römers und schimpfen auf den Schiedsrichter. Den Höhepunkt findet die Saisonabschlussfeier im gemeinsamen Auftritt von Lothar Sippel und den Rodgau Monotones. Aus ganzem Herzen schmettern sie mit den Fans das Lied des Tages: „Frach mich net, wie's mir geht".

In seinem Buch „Halbzeit" beschreibt Uli Stein 1993, dass in den Stunden am Frankfurter Römer so etwas wie der „Geist vom Römer, der Schwur auf die verlorene Meisterschaft" entstand. Und tatsächlich. In den Wochen nach der Niederlage von Rostock rückt die Mannschaft entgegen vieler Befürchtungen enger zusammen. Die Fans feiern ihr Team in den noch anstehenden Freundschaftsspielen als den „wahren Meister". Andreas Möller hat andere „moralische Verpflichtungen" und verlässt die Eintracht in Richtung Italien, natürlich ohne die vereinbarten fünf Millionen Mark zu zahlen. Der Streit um das Geld wird sich noch über Jahre hinziehen, am Ende zahlt Andreas Möller immerhin 3,2 Millionen. Bereits vier Tage nach dem Spiel von Rostock entlässt die Eintracht den beurlaubten Klaus Gerster fristlos. Die Mannschaft konzentriert sich auf die kommende Saison. In Rostock ist man knapp an der Meisterschaft gescheitert. Im nächsten Jahr soll das nicht passieren ... Das war vor zehn Jahren.

RALF WEBER
UND UWE BINDEWALD

6

„Ob da alles mit rechten Dingen zugegangen ist?"

„Manchmal frage ich mich, wieso schaust du dir das immer wieder an ..."
Als Ralf Weber vor der Saison 2001/2002 von der Eintracht quasi heimlich aus dem Kader genommen wurde, stieß dieses Vorgehen auf großes Unverständnis in der Öffentlichkeit. Ein derart liebloser Abschied würde den Verdiensten von Ralf Weber für die Eintracht nicht gerecht, war die einhellige Meinung. Auch unter den Fans, von denen einer die Gemütslage stellvertretend in folgende Worte packte: „Damals in Rostock hat der Ralf doch für uns alle in die Kamera getreten." Dieses Bild, wie ein in Tränen aufgelöster Ralf Weber wegen der himmelschreienden Ungerechtigkeit des nichtgegebenen Elfmeters seiner Wut freien Lauf ließ und nur durch das beherzte Eingreifen mehrerer Mitspieler und Betreuer vor Schlimmerem bewahrt wurde, hat sich ins kollektive Fangedächtnis eingebrannt – konnten doch die meisten diesen Gefühlsausbruch nur zu gut nachvollziehen. Auch Alfons Berg wird beim Betrachten der Fernsehbilder aufgeatmet haben, dass Ralf in diesem Moment „nur" eine Fernsehkamera erwischte.
Wir trafen uns im Frühjahr 2002 mit Uwe Bindewald und Ralf Weber. In Zeiten, in denen einige Frankfurter noch an den Wiederaufstieg glaubten, unterhielten wir uns über die Ereignisse des Frühjahrs 1992.

Wir werden das Interview chronologisch machen, damit Ihr in die Saison 1991/1992 auch gedanklich wieder etwas reinkommt...

> Ralf Weber: Ich bin da sehr gut drin, gedanklich. Ich hab mir die Videokassette von Rostock jetzt 100 Mal Minimum angeschaut, seitdem ich sie hab. Jeder Spieler hat nach der Saison eine Kassette bekommen, auf der verschiedene Berichte, Rückblicke und der Empfang am Römer drauf sind. Ich hab mir vor allem auch noch einmal die Situation genau angeschaut, in der

Lothar Sippel das 2:1 macht, das dann wegen Handspiel von Uwe Bein nicht gegeben wurde. Das wird auch nicht überall gepfiffen. Das Handspiel vom Uwe Bein war keine Absicht. Das Tor hätte man also auch geben können.
Ansonsten kenne ich von der Kassette jede Szene, jedes Interview von jedem Spieler, jedem Fan und jedem Offiziellen. Da sind ein paar echt geile Dinge dabei, was die Fans nach dem Abpfiff zum Teil für einen Scheiß von sich gegeben haben. Da lachst Du dich heute drüber kaputt.
Uwe Bindewald: Ich hab mir die Szenen von damals nie mehr angeschaut. Ich hab auch damals keine Zeitungen gelesen. Ich habe das ganze Rostock-Spiel etwas verdrängt. Ich bin sozusagen das krasse Gegenteil vom Ralf.
Ralf Weber: Das liegt vielleicht daran, dass das Rostock-Spiel mit dem Elfmeter bei mir vielleicht noch mal etwas anderes war als bei den Mitspielern. Das war ja für mich persönlich die schlimmste Situation. Für die Mannschaft natürlich auch schlimm, aber für mich war es auch noch die Ungerechtigkeit. Der dritte Elfmeter innerhalb kurzer Zeit. Die Elfmeter gegen mich waren ja eigentlich alle ganz klare. Das ging schon gegen die Bayern los. Deshalb war es für mich in Rostock vielleicht noch einmal eine andere Sache als für die Mitspieler.

Fangen wir mal von vorne an. Wie ging es euch denn nach dem Spiel gegen Bremen?
Ralf Weber: Das Bremenspiel war nicht so das große Problem, weil wir wussten, wenn wir in Rostock gewinnen, dann haben wir es trotzdem geschafft. Der nicht gegebene Elfmeter gegen Bremen hat im Nachhinein nicht so interessiert. Wir waren ja vor dem letzten Spiel noch vorne. Bei den beiden Toren mussten wir uns vor allem selbst an der Nase packen. Da führst du lange 1:0, spielst überlegen, aber vergisst, das zweite Tor zu machen. Auf einmal liegst du dann 2:1 zurück. Allerdings war es dann auch so, dass bei unserem Ausgleich die Bremer Abwehr nicht mehr so konsequent zur Sache gegangen ist.

Wie habt ihr den 16. Mai erlebt? Ist vor dem Spiel etwas Besonderes vorgefallen?
Ralf Weber: Wir sind ja schon am Tag vorher per Flugzeug nach Rostock geflogen. Zum ersten Mal in der Saison war der gesamte Kader beim Auswärtsspiel. Wir sind auf einem kleinen Militärflughafen gelandet. Besonders war vor dem Spiel eigentlich nur, dass wir abends vor dem Hotel noch ein Abschlusstraining gemacht haben.
Uwe Bindewald: Vor dem Spiel war der Ablauf ganz normal. Es gab auch keine besondere Ansprache vom Trainer, in der Kabine hat er nichts Außergewöhnliches gesagt. Jeder war natürlich ein bisschen nervöser als vor anderen Spielen.

Die Eintrachtfans haben zum Teil 20–30 Jahre auf den Tag von Rostock gewartet. Ihr wart damals als Spieler noch ziemlich jung. Wart ihr euch der Dimensionen einer gewonnenen Meisterschaft bewusst?
Ralf Weber: Für mich war es nur die Sache, dass ich persönlich als Spieler Deutscher Meister werden wollte. Das war das einzige, an das ich gedacht habe. Zumal ich als junger Spieler ja noch nicht so das tolle Image bei den Fans hatte. Ich war ja immer noch so ein bisschen der Offenbacher, der Lange, der auf der Außenbahn rumlief. Mehr war ich ja damals nicht. Es war für mich ein Traum, als Spieler Deutscher Meister zu werden. Das war für mich das, was in dem Moment gezählt hat.
Die Dimension hab ich erst in den letzten Jahren realisiert. Ich habe mir das Champions League Finale in München angeschaut: Dortmund gegen Juventus. Als ich das gesehen habe, hab´

ich erst richtig verstanden, was wir damals verpasst haben. Was daraus hätte werden können, wenn wir Meister geworden wären. So haben wir halt einmal mehr im Europapokal gespielt. Aber halt nicht im Landesmeisterpokal. Einmal dabei gewesen zu sein, das wäre es gewesen. Selbst wenn man relativ früh ausgeschieden wäre, aber einmal im Landesmeisterpokal.

Uwe Bindewald: Ich glaube, dass erst nach dem Spiel jedem so recht bewusst wurde, was wir verspielt hatten. Wir haben die große Chance gehabt, den begehrtesten Titel in Deutschland zu holen, und die haben wir verspielt. Die Dimension, was das für die Leute bedeutet hätte, wurde von mir erst mit der Zeit wahrgenommen. Je größer der Abstand zu dem Spiel war, um so eher habe ich realisiert, was da in Rostock abgelaufen ist. Wie gesagt, ich hab mir das Ganze ja, im Gegensatz zum Ralf, nie mehr angeschaut. Ich erfahr hier heute ja Sachen, die ich definitiv nicht gewusst habe. Vielleicht verdränge ich das ganze auch jetzt noch. Bei mir ist es halt auch so, dass ich heute noch Fußball spiele. Ich habe jetzt zwei Abstiege mitgemacht. Das waren Situationen, die nicht schön waren. Und Rostock war natürlich auch keine schöne Situation.

Ralf Weber: Ich glaube, so ein Abstieg ist eine schleichende Sache, die sich langsam abzeichnet. Klar gibt's dann den Tag, an dem du definitiv abgestiegen bist, aber ein Abstieg zeichnet sich ab. Im Positiven aber Meister zu werden, das bezieht sich alles nur auf die 90 Minuten, dieses eine Rostock-Spiel. Man muss auch ganz klar sagen, es ist leichter wieder aufzusteigen und wieder einen Weg zu finden, als noch einmal die Möglichkeit zu kriegen, Deutscher Meister zu werden.

Ralf, würdest du sagen, du hast die Ereignisse von Rostock heute überwunden?

Ralf Weber: Bei mir kamen ja noch so viel Sachen danach. Das ging vom Abstieg über die vielen Verletzungen, das Comeback bis hin zum Wiederaufstieg. Es ist seit 1992 so viel passiert, dass ich schon behaupten kann, ich hab das mittlerweile verarbeitet. Aber trotzdem, wenn ich mir die Kassette mal wieder auspacke und das Spiel anschaue, das ist immer noch nicht angenehm. Manchmal frage ich mich, wieso schaust du dir das immer wieder an. Dafür habe ich auch keine Erklärung.

Nach der ersten Halbzeit war Dortmund Deutscher Meister. Wie war da die Stimmung bei euch in der Kabine?

Ralf Weber: In der Halbzeitpause war es in der Kabine noch relativ ruhig. Wir haben gemerkt, dass wir in den letzten 15 Minuten der ersten Halbzeit das Spiel dominiert haben. Wir hatten ja auch schon zwei gute Chancen. Axel Kruse hatte eine Riesenmöglichkeit und der Andi Möller hat sich den Ball zu weit vorgelegt nach einem Superpass vom Uwe Bein. Ich war mir ganz sicher, dass wir noch ein Tor machen würden, und zwar dass wir eins machen, das uns reicht.

Uwe Bindewald: Der Trainer war auch in der Halbzeitpause ganz ruhig und sachlich. Die Stimmung war noch positiv. Jeder dachte, dass wir das Spiel in der zweiten Halbzeit gewinnen würden.

Und wie habt ihr dann die zweite Halbzeit erlebt?
Ralf Weber: Ich hab mir im Verlauf der zweiten Halbzeit gedacht, wenn ich jetzt nicht Vollgas gebe, dann packen wir es nicht. Ich konnte auf einmal laufen wie ein Verrückter. Ich hab gesehen, dass das Spiel über die Mitte nicht gut gelaufen ist und war der Meinung, dass, wenn ich nicht nach vorne mal durchkomme, wir es nicht schaffen würden. Das Mittelfeld war bei uns nicht so gut drauf, sonst hätte ich dem Uwe viel mehr Bälle zugespielt. Nach dem überraschenden Rückstand ist uns der Ausgleich dann ja auch recht schnell gelungen. Fast hätte es gereicht – fast.

Habt ihr bis zum letzten Moment an den Titel geglaubt?
Uwe Bindewald: Es war ja die ganze Zeit noch alles drin für uns. Da glaubst Du natürlich an deine Chance. Je näher das Spielende kam, je hektischer wurde unser Spiel natürlich. Wir haben gemerkt, uns läuft die Zeit davon. Die Rostocker haben ja im Grunde genommen nichts mehr gemacht, aber trotzdem lief uns die Zeit weg. Wir brauchten ja noch ein Tor.
Ralf Weber: Wenn man sich das Spiel heute noch einmal ansieht, fällt auf, dass wir die meisten Chancen nach langen Bällen oder Abprallern hatten. Wir haben die Rostocker ja in ihre Hälfte gedrängt gehabt. Aber von unserem Mittelfeld kamen längst nicht mehr die Kombinationen, die man aus den anderen Spielen der Saison kannte. Das Mittelfeld, das hat man nicht gesehen. In der zweiten Halbzeit wurden die Bälle wirklich nur nach vorne gehauen, unsere Chancen waren Zufallsprodukte. Das war natürlich eine Folge der aufgekommenen Hektik.

Blöde Frage: Wie ging es euch nach dem Schlusspfiff?
Ralf Weber: Ich bin nach dem Abpfiff schon ein bisschen ausgerastet. Das fing ja während dem Spiel schon an, eigentlich direkt nach dem nicht gegebenen Elfmeter. Aber wir mussten ja noch 20 Minuten spielen und hatten noch die Chance zu gewinnen. Nach dem Spiel wäre es dann wirklich kritisch geworden, wenn mich die Leute nicht aufgehalten hätten. Da war ich schon ein bisschen neben der Kapp´. Auf dem Weg in die Kabine bin ich auch am Schiedsrichterraum vorbeigegangen. Ich wusste, da sitzt er drinne. Aber ich bin nicht reingegangen.
Uwe Bindewald: Ich bin direkt nach Spielende in die Kabine gelaufen. Ich wollte möglichst schnell weg vom Platz. Die Mitspieler kamen dann auch nach und nach in die Kabine. Erstmal haben sich die meisten in die Dusche gehockt und waren sprachlos. Es hat einige Zeit gedauert, bis so etwas wie eine „Jetzt erst Recht"-Stimmung aufkam. Da hat dann auch der Uli Stein ein paar aufmunternde Worte gesagt.

Was passierte dann?
Uwe Bindewald: Wir sind dann zum Flughafen gefahren. Im Bus haben wir uns dann schon selbst ein bisschen gefeiert. Da war dann auch schon Alkohol mit im Spiel. Anders hätte man die Stunden nach dem Spiel aber auch nicht überstanden.
Ralf Weber: Am Frankfurter Flughafen sind wir dann gemeinsam ins Sheraton-Hotel gegangen. Und da erwartete uns ein Bild des Grauens. Wir kamen in den Saal, in dem alles wunderschön geschmückt war. Die Tische waren gedeckt und auf der Bühne spielte eine Band. Aber der ganze Saal war quasi leer. Wir Spieler waren die ersten, die reinkamen und haben

uns dann an den Tischen verteilt. Natürlich hatte keiner von uns Lust auf die Feier. Und von den ganzen geladenen Gästen ist auch kaum einer gekommen. Ich habe an dem Abend vielleicht 20 der geladenen Gäste gesehen. Die Feier hat sich dann auch recht schnell aufgelöst. Wir hatten ja alle reservierte Zimmer im Hotel, weil wir am nächsten Morgen gemeinsam zum Römer fahren wollten. Einige sind auf ihren Zimmern verschwunden, die Junggesellen sind in die Flughafendisco. Da hab ich mir dann auch den Rest gegeben. In der Nacht hab ich vielleicht zwei Stunden geschlafen.

Uwe Bindewald: Ich bin nach der offiziellen Feier sofort aufs Zimmer gegangen. Ich hatte auch einiges getrunken gehabt. Aber schlafen konnte ich trotzdem nicht.

Wie habt ihr den Empfang am Römer am nächsten Tag erlebt?
Ralf Weber: Ich habe am Balkon gestanden und geheult wie ein Schlosshund. Wir haben uns ja morgens am Flughafen im Hotel getroffen und sind gemeinsam in die Stadt gefahren. In den Römer sind wir durch den Hintereingang gekommen. Ich habe echt gedacht, auf dem Römerberg stehen ein Paar Fans am Bretzelstand. Und dann kamen wir auf den Balkon, und der Platz war voll. Das war schon ergreifend, dass uns die Fans so gefeiert haben. Aber gleichzeitig fand ich die Feier wieder unheimlich traurig und deswegen hab ich auch geheult.

Uwe Bindewald: Der Empfang am Römer war echt beeindruckend. Ich war ja noch ein wenig betrunken und hab ja dann auf dem Balkon so einiges veranstaltet.

Ralf Weber: Lustig war auf dem Balkon ja nicht nur der Uwe. Es gab am Sonntag schon einige andere, die wieder locker waren. Zu denen habe ich nicht gehört. Das Ganze hat mich eher noch einmal mitgenommen. Und für mich war das schlimmste, dass ich nach dieser Feier dann auch noch als Studiogast in den Sportkalender musste. Ich war stehend k.o. und wollte nur noch meine Ruhe.

Ralf, wann hast du Alfons Berg zum ersten Mal wiedergesehen?
Ralf Weber: Das war beim 1:1 gegen Uerdingen. Ich war bei dem Spiel gesperrt. Ich hab ihn

Fassungslosigkeit.

im Kabinengang gesehen und hab nur gemeint, er könne ja heute einen Elfmeter für uns pfeifen. Das hat er nicht gemacht, aber bei dem Spiel hat er ansonsten gut gepfiffen. Über Rostock haben wir uns nicht unterhalten. Dazu gibt es nichts zu sagen. Wir haben nie telefoniert, und dass ich mich bei ihm entschuldigt hätte, so etwas gab es nicht.

Viele Fans sind 1998 mit gemischten Gefühlen zum ersten Mal wieder nach Rostock gefahren. Wie war das für euch?
Uwe Bindewald: Zum ersten Mal wieder in Rostock zu spielen, war schon ein komisches Gefühl. In der Kabine fand ich es noch recht normal. Aber als wir auf den Platz kamen, waren die Erinnerungen schon wieder da.
Ralf Weber: Das empfand ich auch so. Ich hatte auch gleich in der ersten Halbzeit wieder schweren Zirkus mit dem Volk da. In dem Spiel war ich sicher emotional vorbelastet.

Hattet ihr eigentlich das Gefühl, das in der Saison 1991/1992 alles mit rechten Dingen zuging oder habt ihr auch an Verschwörungstheorien gebastelt?
Ralf Weber: Im ersten Moment hat man da sicher dran geglaubt. Da ist ja in der Presse geschrieben worden, dass der DFB die Schiedsrichter kurzfristig ausgetauscht hätte. In der ganzen Enttäuschung hat man natürlich Gedanken für solche Verschwörungstheorien übrig gehabt. Aber heute, mit einigem Abstand, sag ich auch, dass war Humbug damals. So etwas gibt es nicht.

Woran lag es eurer Meinung nach, dass der Deutsche Meister 1992 nicht Eintracht Frankfurt hieß?
Ralf Weber: Die Geschichte mit den vielen nicht gegebenen Elfmetern hat sicher einige Punkte gekostet, das sollte man nicht unterschätzen. Aber der Hauptgrund war sicher ein anderer. Die wichtigen Stationen in unserem Spiel, der Uwe, der Andi und der Manni wurden im Laufe der Saison von den Gegnern immer härter rangenommen. Spätestens gegen Ende der Vorrunde haben unsere Gegner das gerafft. Viele Mannschaften haben kräftig hingelangt und haben so unsere Schaltzentrale lahmgelegt, natürlich auch viel mit Fouls. In den Spielen haben wir viele Punkte verloren. Ich persönlich mache die verlorene Meisterschaft an zwei Spielen fest. Die beiden Unentschieden zu Hause gegen Wattenscheid und Bremen kurz vor Saisonende. Das waren ganz entscheidende Spiele, in denen wir Punkte verloren haben.

Glaubt ihr, dass die Querelen um Stein, Möller und Gerster die Leistung der Mannschaft beeinträchtigt haben?
Uwe Bindewald: Ich glaube schon, dass das ganze Theater während der Saison nicht positiv für die Mannschaft war. Es sah ja so aus, als würde die Mannschaft gerade nach internem Ärger besonders gut spielen. Aber ich denke, auf Dauer schlagen sich solche Querelen sicher auf die Leistung der Spieler nieder.

Ralf Weber: Es war in der Rostock-Saison aber schon so, dass wir keine Phase hatten, in der wir konstant schlecht gespielt haben. Wenn wir mal zu Hause nicht gewonnen haben, dann haben wir uns die Punkte auswärts zurückgeholt. Wir haben über die Saison gesehen eigentlich recht konstant gespielt. Die Querelen haben natürlich genervt, aber das hat am Wochenende nicht den Ausschlag gegeben.

Man könnte also sagen, als Mannschaft habt ihr funktioniert?
Uwe Bindewald: Die Mannschaft hat vielleicht menschlich nicht optimal zusammen gepasst. Aber auf dem Platz hat jeder versucht, die Leistung zu bringen. Und das hat ja schon ganz gut geklappt.
Ralf Weber: Wir waren halt von der Klasse her schon so gut, das wir den Stress verkraften konnten, den es manchmal rund um die Mannschaft gab. Klar kann man jetzt sagen, wenn auch noch das Menschliche gestimmt hätte, dann wären wir mit einem Riesenabstand Meister geworden. Aber das alles so wunderbar zusammenpasst, das findet man halt selten. Dass die Klasse so gut ist und dass es auch menschlich noch perfekt passt. Und es ist ja auch oft so, dass gerade die Spieler, die besonders gut sind, nicht die einfachsten sind.

Geht es euch eigentlich auch so, dass ihr manchmal denkt, was wäre wohl, wenn wir Meister geworden wären?
Ralf Weber: Für mich wäre der Titel 1992 viel mehr wert gewesen als alles, was danach hätte kommen können. Die Meisterschaft war mein großer Traum.
Uwe Bindewald: Bei mir ist das etwas anders. Für mich wäre der Aufstieg das größte. Wenn wir wieder aufsteigen würden, das wäre für mich wie ein Titel. Im Vergleich zum Ralf kicke ich ja noch aktiv, daher bin ich in einer ganz anderen Situation. Ich habe bis zum Herauskommen eures Buchs vielleicht jede Woche ein Endspiel. In einer solchen Situation denkst du nicht daran, was vor zehn Jahren war. In einer solchen Situation ist Rostock für mich ganz weit weg.

DIE FANS

7

Roland Gerlach, 46 Jahre, Kurierfahrer. Roland ist unbestritten einer der größten Eintrachtfans. Seine Verbundenheit beschränkt sich dabei nicht nur auf die Profimannschaft. Roland reist auch den Fußballamateuren, den Basketballern und den Hockeydamen hinterher. Er hat sogar die Eintracht-Eisstockschützen schon im Wettkampf unterstützt.

Das Schweigen der Lerche
Irgendwo und irgendwann im Urwald Afrikas oder Südamerikas. Unidentifizierbare, furchterregende Wesen hinter mir, Zähne fletschend und zu allem entschlossen. Schweiß auf meiner Stirn. Mein Herz rast, ich ringe nach Luft. Gleich haben Sie mich ... oder etwa doch nicht? Vor mir ein Abgrund, unten ein See – meine Rettung! Da ich keine Wahl habe, springe ich, tauche unter und auf der anderen Seite wieder auf und winke triumphierend hinüber zu meinen Verfolgern, die sich nunmehr ein anderes Opfer suchen müssen.
Szenenwechsel.
Irgendwann im 20. Jahrhundert, Mitte Mai. Ein strahlend schöner Tag, keine Wolke am Himmel. Das Spiel ist vorbei, doch keiner der 60 000 Zuschauern verlässt das Stadion. Der Rasen ist unter der Menschenmasse verschwunden, die nach Abpfiff das Spielfeld gestürmt und die Spieler zur Flucht in die Katakomben veranlasst hat. Der DFB-Präsident überreicht die Meisterschale an Jürgen Grabowski, den Kapitän des frischgebackenen Deutschen Meisters. Orkanartiger Jubel bei der Menge auf dem Rasen und auf den Rängen. Grabi reißt die Trophäe in die Höhe und im Gleichklang seiner Bewegung recken sich Hände, Fäuste und Schals von Zehntausenden seiner Getreuen gen Himmel. Als hätte ein unsichtbarer Dirigent ein Zeichen dafür gegeben, beginnt die Masse mit dem Song „You 'll never walk alone", und zwar in der Version, wie man sie aus dem good old England der 60er und 70er Jahre kennt, jener Hymne, in der die aufsteigende Lerche das Ende des Sturms besingt; ... und die Schale wandert weiter, über Hölzenbein zu Lindner, der übergibt an Yeboah. Es folgen Uli Stein, Trinklein, Neuberger, Falkenmayer, Fjörtoft, Körbel, Kryszalowicz, und so weiter.

Jeder kennt sie, die Träume die sich jahrelang wiederholen. Immer wieder. In den Träumen offenbare sich das Unterbewusstsein, so sagt man, häufig in der Symbolsprache, manchmal aber auch auf sehr unmissverständliche Art und Weise. Seitdem mein Lebens-Schifflein in etwas seichteren Gewässern fährt, verfolgen mich die furchterregenden Gestalten nicht mehr. Was blieb, ist der Traum von der Meisterschaft. Welcher Meisterschaft?
Meiner eigenen? Ja, verdammt nochmal, es wäre meine bzw. unsere gewesen. Der Verein Eintracht Frankfurt war schon in meiner Kindheit der (schwarz-weiß-) rote Faden, der sich durch mein Leben zog und ich betrachtete ihn schon seinerzeit als so etwas wie meine Familie, nicht zuletzt deswegen, weil ich in der Nähe des Riederwald-Stadions geboren und aufgewachsen bin. Weiterführende Erklärungen, wie man an einen Club gerät, der einen ein Leben lang „in seinen Klauen

DIE FANS

hält", obwohl er ein unentwegt sprudelnder Quell von Ärger, Frust, Enttäuschungen usw. sein kann, möge der geneigte Leser dem Buch „Fever Pitch" von Nick Hornby entnehmen, aus dem ich bewusst keine schreiberische Anleihe machen möchte, da erstaunliche Parallelen hierzu bei mir festzustellen sind.

Schon in den 60er Jahren hatte ich als Autogramm-Sammler den ersten Kontakt zur Eintracht und sah auch die ersten Spiele im Waldstadion in Begleitung meines Vaters oder von Schulkollegen. Die erste Auswärtsfahrt führte 1973 nach Stuttgart (2:2). Es gingen Debatten mit den Erziehungsberechtigten voraus („was da nicht alles passieren kann"), doch zog das Argument, dass ich es mit selbst erwirtschaftetem Geld finanzieren konnte. Und der werdende Junkie hatte den Erstkontakt mit seiner Droge, die zunächst Ekstase, später aber auch alle Auswirkungen der unteren Emotionsskala bis hin zur Apathie zur Folge haben sollte ...

Wie meistens im Leben eines Süchtigen standen auch bei mir die Highlights am Anfang meiner Drogenkarriere. Die über alle Maßen verehrten Grabowskis, Nickels, Hölzenbeins usw. wurden gleich zweimal Pokalsieger und bescherten mit dem schönsten Fußball der Liga und den meisten Toren aller BL1-Clubs meinem tristen Schüler- beziehungsweise Azubi-Dasein die Wochenendperspektive, für die man gerne den Alltagsstress in Kauf nahm. Auch später im Beruf war die Philosophie hilfreich, dass das Leben aus zwei nebeneinander existierenden Welten besteht, die sich gegenseitig bedingen: In der grauen, tristen und stressenden Welt müssen als kaufmännischer Angestellter, später Banker, die finanziellen Voraussetzungen geschaffen werden, um sich die andere bunte Welt, die evtl. auch Glück, Ekstase, Abenteuer, Spaß usw. beinhaltet, leisten zu können. Umgekehrt holt man sich hier den Schwung und die Energie, um in der ersteren einigermaßen über die Runden zu kommen.

Wie alle Süchtigen war auch ich nach den Cup-Erfolgen 1974 und 1975 nicht satt und zufrieden, sondern gierte nach einem größeren Kick. Insofern schlug in den EC-Spielen der Puls meistens höher als bei Punktspielen und die internationalen Erfolge toppten das Glücksgefühl bei den DFB-Pokalsiegen um einiges. Gänsehauterlebnisse hatte ich, trotz Niederlage, auch im EC-Halbfinale bei West Ham United und bei anderen Spielen als Groundhopper auf der Insel, wo auch mit der Hymne aller Hymnen Bekanntschaft gemacht werden sollte: Bei „You 'll never walk alone" in einem britischen Stadion, gesungen in der Original-Version, läuft es einem heiß und kalt den Rücken hoch und runter. Wenn ich jedoch höre, was die einheimischen Beschallungsanlagen heutzutage der alles mitgrölenden und mitklatschenden Masse in pervertierter Abänderung vorsetzen, wickeln sich mir die Fußnägel auf.

Aus einem Mischmasch dieser Gänsehauterlebnisse und dem Wunsch nach dem ultimativen Kick entstand wohl auch jenes Traumerlebnis, das sich in unregelmäßigen Intervallen seit ungefähr dieser Zeit ständig wiederholt, aber auch aus der früh gewonnenen Überzeugung, dass unsere Diva aufgrund ihrer Wechsellaunigkeit eher Europacup-Sieger wird als noch einmal Deutscher Meister.

Auch wenn ich selten bei Ergebnis-Tipps richtig liege, habe ich in Sachen mittel- bis längerfristigen Prognosen meist ein glücklicheres Händchen – wie schon die Saison 1976/1977 zeigen sollte. Nach restlos vergeigter Vorrunde wurde in beispielloser Aufholjagd unter Gyula Lorant in 20 Punktspielen nicht mehr verloren und später die Meisterschaft bei besserem Torverhältnis nur um zwei Punkte verpasst. Dass ich mit meiner Voraussage ins Schwarze treffen sollte, stellte sich auch 1979/1980 heraus, in der trotz meist mittelmäßiger Leistung und entsprechender Platzierung in der Meisterschaft mit dem Gewinn des UEFA-Cups der bisher größte Erfolg der Vereinsgeschichte errungen wurde. Das Spiel gegen Rotterdam (4:1) und das Halbfinale gegen Bayern (5:1 n.V.) zählen wohl zu den größten Spektakeln, die unser Stadion seit jenem denkwürdigen 6:1 gegen Glasgow Rangers 1960 gesehen hatte. Die Diva betrieb Image-Pflege wie selten. Im zweiten Endspiel gegen Gladbach (1:0) wurde die verdiente Ernte eingefahren.

Wenn auch nicht die höchste deutsche Trophäe, so hatte unser Verein das von mir als solches definierte Limit hiermit erreicht. Der Erfolg konnte nicht mehr getoppt werden. Mir war klar, die zum Erringen der Meisterschaft nötige Kontinuität fehlt unserem Verein. Alles, was da eventuell noch kommen mochte, würde sich hiermit nicht mehr vergleichen lassen. So stand auch schon der DFB-Pokalsieg 1981 nicht nur im Schatten des UEFA-Cups, sondern befand sich auch aufgrund des Wiederholungseffekts (1974, 1975) in meiner persönlichen Rangliste aller DFB-Pokalerfolge nur auf Rang Vier.

Der durch die finanziellen Umstände bedingte personelle Umbruch Anfang der 80er bewirkte, dass die sieben fetten Jahre vorbei waren und, um bei der biblischen Metapher zu bleiben, sich sieben magere anschließen sollten. Hoffen und Bangen der Fans hatten nicht mehr einen eventuellen Titelgewinn zum Inhalt, sondern es ging ums sportliche und um das damit eng verknüpfte finanzielle Überleben. Schon in der Saison 1983/1984, der Ära nach Pezzey, Cha und Nickel, wurde erst in der Relegation der Klassenerhalt gesichert. Zwei Jahre später war man punktgleich bei besserem Torverhältnis mit dem 16. der Tabelle, Borussia Dortmund. UEFA-Cup-Ränge beziehungsweise Pokalendspiele lagen im Bereich der Utopie. Die Erfolge vergangener Jahre erstrahlten rückwirkend wieder in einem glänzenderen Licht, da man die Schattenseiten der Fan-Laufbahn in vollen Zügen genießen konnte. Einen kurzen Lichtblick erlebte unser Verein nach und im Zusammenhang mit der Verpflichtung des ungarischen Weltklasse-Spielers Detari, auf den das ganze Spiel zugeschnitten war. Die Highlights dieser Periode waren das DFB-Pokal-Halbfinale (1:0 bei Werder Bremen) und der folgende Endspielsieg im Mai 1988 mit gleichem Resultat im Spiel gegen den VfL-Bochum, bei dem er, wie könnte es anders sein, den siegbringenden Treffer mit einem traumhaften Freistoßtor neun Minuten vor Ende höchstselbst erzielte. Die Euphorie der 70er war wieder da, und zwar in der gleichen Intensität wie seinerzeit, wie viele Anhänger etwa gleichen Alters bestätigen. Somit erfuhr das zurückliegende Tal der Tränen nachträglich eine Sinngebung, denn nur derjenige, der diese sieben Jahre mit wachen Sinnen durchschritten und miterlebt hatte, wusste um die Bedeutung dieses vierten Pokalgewinns und war zu entsprechenden Emotionen fähig. Man war wieder wer und hatte womöglich eine große internationale Zukunft vor sich, anstatt in der Bedeutungslosigkeit zu versinken, was jahrelang im Bereich des Möglichen lag.

Nach 1959 der größte Triumph der Eintracht,. Hölzenbein Pezzey und Schaub feiern den UEFA-Cup-Sieg 1980.

DIE FANS

„At the end of the storm there is a golden sky and the sweet silver song of the lark" – es war wirklich so. Der Himmel schien vergoldet, man nahm die Farben intensiver war, spürte sein Körpergewicht kaum noch, alles tat nur noch halb so weh. Und wenn man die Augen schloss, sah man sie aufsteigen, die Lerche, die das Ende des Sturms besingt, wie in der Liverpool-Hymne. Doch erstens kam es mal wieder anders und zweitens als man dachte, wenn auch gottlob nur vorübergehend.

Entgegen anderslautenden Beteuerungen verließ Detari in der Vorbereitungsphase zur neuen Saison den Verein Richtung Griechenland. Da er der einzige kreative Spieler war, hinterließ er eine Lücke, die während der Saison nicht mehr geschlossen werden konnte. Es kam wie es kommen musste, man hatte erneut gegen den Abstieg zu kämpfen, obgleich man aufgrund der Einzelspieler eigentlich im Mittelfeld hätte landen müssen. Erst in der Relegation gegen den Drittplazierten der zweiten Liga, den 1. FC Saarbrücken, wurde der Klassenerhalt gesichert. Jörg Berger, während jener Saison für den glücklosen Feldkamp als Retter an den Main geholt, gelang in der Saison 1989/1990 der historisch größte Sprung nach vorne, denn mit den heimgeholten Hessen Bein und Falkenmayer stand nach Platz 16 nunmehr Platz 3 zu Buche. Nach vorrübergehender Krise wurde Berger übergangsweise von Charly Körbel abgelöst, mit dem man noch einen beachtlichen 4. Rang erreichte und für die Saison 1991/1992 als einer der Titelanwärter galt.

Die Intervalle zwischen meinem Traumerlebnis wurden wieder kürzer, doch ich mochte einfach nicht an seine Realisierung glauben. Was ich seit einem Vierteljahrhundert miterlebte, ließ bei mir für optimistisches Gedankengut keinen Spielraum. Schon in der Vorbereitungsphase lief die Tormaschine auf Hochtouren, als 9:1 bei der Spvgg Bad Homburg und gar 16:0 gegen den FSV Frankfurt gewonnen wurde. Auch in der Punktrunde setzte man sich von Anfang an oben fest. Nur drei Niederlagen standen Ende der Vorrunde zu Buche. Andererseits konnte die unmittelbare Konkurrenz um den Titel kein einziges Spiel gegen uns gewinnen, denn 2:1 lauteten die Resultate in Stuttgart und gar 3:0 zu Hause gegen den BVB, in der Rückrunde hingegen nur 1:1 und 2:2. Titelambitionen wurden auch gegen Vereine unterstrichen, die in dieser Saison jenseits von Gut und Böse lagen. So zelebrierte man beim 6:3 in Duisburg und dem 3:1 bei Bayer Leverkusen Fußball von einem anderen Stern, wie ihn in dieser Saison nur unser Team zeigen konnte. Nachdem Eintracht Frankfurt 19 mal in dieser Saison auf Platz 1 stand und in den letzten 13 Spielen 20:6 Punkte geholt hatte, war man aufgrund des Restprogramms und des besseren Torverhältnis' gegenüber den Rivalen in der vermeintlich besseren Ausgangsposition. Im Heimspiel gegen Werder sollte am vorletzten Spieltag die Katze im Sack sein, den man dann auswärts in Rostock nur noch zumachen brauchte, so glaubte man. Den Bremern, drei Tage zuvor erfolgreich im Europapokalfinale, traute man deshalb die Kraft und Motivation nicht zu, einer zu allem entschlossene Eintracht, seit Wochen in Topform, vor eigenem Publikum die Butter noch vom Brot nehmen zu können. Nun, es sah auch zunächst ganz so aus, als behielten die Optimisten Recht, denn Möller hatte unser Team vor der Pause mit 1:0 in Front geschossen. 70 Minuten erweckten die Bremer nicht den Eindruck, als sollten sie noch ernsthaft dagegen halten können, jedoch bekam unser Team plötzlich Angst vor der eigenen Courage. Unsicherheiten schlichen sich ein, die Werder binnen weniger Minuten eiskalt zum Ausgleich und zur eigenen Führung nutzte. Blankes Entsetzen auf den Rängen und auf dem Rasen gleichermaßen, ehe man den Ernst der Lage begriff. Wie von der Tarantel gestochen fightete unser Team urplötzlich und drängte die Männer von der Weser in die eigene Hälfte zurück. So fiel Yeboah's Ausgleichstor mehr oder weniger zwangsläufig und das weite Oval glich einem Tollhaus. Hektik kam auf. Bremen wußte gegen die wütenden Attacken unserer Spieler nur noch unerlaubte Mittel einzusetzen. Uwe Bein bekam von einem Werderaner einen Tritt in die Knochen, worauf er unfreiwillig den Rasen küsste, doch

Schiedsrichter Löwer verweigerte den wütend geforderten Strafstoß. In einem Pfeifkonzert ohnegleichen und Schieber-Rufen verstrichen die letzten Minuten und der Abpfiff wurde ziemlich emotionslos zur Kenntnis genommen. Hatte man Grund zum Jubel? Zwar musste man froh sein, noch einen Punkt geholt zu haben, aber jeder wusste, dass hier wesentlich mehr drin gewesen war. Die Ergebnisse der Konkurrenz ergaben, daß man mit dem besten Torverhältnis noch immer Tabellenerster war und am letzten Spieltag beim voraussichtlichen Absteiger Rostock zudem noch die vermeintlich leichteste Aufgabe haben sollte, da Dortmund in Duisburg und Stuttgart bei Leverkusen anzutreten hatte. Außerdem ließ unsere Auswärtsbilanz der Rückrunde ohnehin keinen Zweifel am Ausgang des Spiels. Auch bei einem Unentschieden unsererseits mussten die anderen erst einmal gewinnen! Ins gleiche Horn stieß auch der Blätterwald, übertitelt mit „Eintracht vor der Meisterschaft". Wo man hinhörte gab es am zweiten Titelgewinn unseres Vereins keinen Zweifel mehr. Ich gebe es offen und ehrlich zu, auch ich wurde von dieser Massen-Euphorie angesteckt. Sollte meine Prognose aus den Siebzigern vielleicht doch falsch sein? Wenn es eine Gerechtigkeit oder einen Fußball-Gott gibt, dann ist der Titel einfach unser, denn wir sind es, die den schönsten Fußball gespielt haben, wir sind es, die 19-mal in dieser Saison auf Platz 1 standen und wir sind es, die am 37. Spieltag mit dem nicht gegebenen Elfer verschaukelt wurden und wir sind es auch, die obendrein noch Erster der Fairneß-Tabelle sind!

Mit diese Gedanken im Hinterkopf traute ich meinen Augen nicht, als ich meine Eintrittskarte für Rostock im Eintracht-Shop holen wollte: Eine 50 Meter lange Schlange hatte sich vor dem Laden gebildet. Auch T-Shits gab es mit der Aufschrift „Eintracht Frankfurt - Deutscher Meister 1992", die gleichsam reißenden Absatz fanden. Eine innere Stimme warnte mich: „Kaufe Dir das Ding erst nach dem Spiel, das bringt sonst Unheil!" Wie sagte doch Stepi vor kurzem in einem Inter-

Originaleintrittskarte zum Spiel.

view auf serbisch-hessisch so treffend: „Wir nix machen Braten, wenn noch Hase läuft in Wald". Sei's drum, jeder hatte ein Ticket und ein T-Shirt und so musste ich auch eins kaufen. Mit „wenn so viele mit diesem T-Shirt nach Rostock fahren, kann einfach nichts schief gehen", versuchte ich gegen meine Zweifel anzukämpfen. Vergeblich! In den ohnehin fast schlaflosen Nächten vor Rostock sah ich mich, mal wieder träumend, irgendwo in der Wüste, angekettet an einen Pfahl. Meine Peiniger ließen mir einen Aktionsradius von etwa zwei Metern. Außerhalb meiner Reichweite war sie, die Schüssel (!) mit kaltem klarem Wasser, die mich, den Verdurstenden, angrinste. Vergebens reckte und streckte ich mich nach ihr, bis ich schweißgebadet erwachte. Was, verdammt noch mal, hatte das jetzt wieder zu bedeuten? So beharkten sich aufkeimender Optimismus und meine chronischen Zweifel unentwegt und erfüllten mein Denken vollständig, bis es endlich so weit war.

Die wenigen Stunden vor dem Spiel erinnerten mich an Prüfungs-Tage meiner Schul- und Ausbildungszeit. Hatte ich vorher wochenlang Angst, so war ich am Tag selbst ruhig, gefasst und voll konzentriert, um dann meine Aufgaben auch einigermaßen souverän zu bewältigen. Ein vergleichbares Gefühl beschlich mich auch heute, nur mit dem wesentlichen Unterschied, dass ich nichts, aber auch gar nichts zu dem Ausgang auf dem grünen Rasen beitragen konnte. Diese Ruhe war dann auch mehr oder weniger die Einsicht in das Unabänderliche, das da nun kommen sollte. Im Ostseestadion angekommen, bot sich mir ein Anblick wie nie zuvor in einem Bundesliga-Auswärtsspiel: Gut und gerne 12 000 Eintracht-Fans belegten die eine Hälfte des Ovals und dominierten optisch und akustisch schon eine Stunde vor Anpfiff. Nein, dies war kein Auswärtsspiel, wenn auch Frankfurt 650 Kilometer weit weg war. Dies war ein Heimspiel!

Frenetischer Jubel, als die Mannschaften endlich einlaufen. Diese Anfeuerungs-Rufe der restlos euphorisierten Masse muss den Spielern in die Beine fahren, wir sind so verdammt nah dran, so verdammt nah! Nur noch 90 Minuten überstehen gegen ein Team, das uns rettungslos unterlegen ist.

Anstoß. Meine Eintracht beginnt, als wäre sie nicht gemeint. Rostock dagegen ergreift die Initiative. Man beginnt zu ahnen, wie die Hansestädter Stuttgart, Bayern und Dortmund schlugen. Zu leicht hat man verdrängt, dass es auch für Rostock um alles oder nichts ging, denn bei einem Sieg über unser Team und gleichzeitiger Niederlage der Konkurrenten Duisburg, Wattenscheid und Kickers Stuttgart hätten auch sie ihr Saisonziel erreicht, den Klassenerhalt. Eine Konstellation also, bei der sich rückwirkend Vergleiche zum 29. Mai 1999 förmlich aufdrängen. Plötzlich Jubel in der Rostocker Kurve. Was war passiert? Die Nachricht vom Gladbacher Führungstreffer macht die Runde. Das Stadion wird zum Hexenkessel, auch die Hansa-Fans peitschen ihr Team nach vorne. Völlig unbeeindruckt hiervon die Fans aus dem Hessenland, die schnell die akustische Oberhand zurück erlangen. Doch urplötzlich wird es auch in unserer Kurve still.

Aus den unzähligen Transistoren wurde die Kunde vernommen, dass Dortmund in Führung ging, was zur Folge hatte, dass von nun an ein Unentschieden nicht mehr ausreichte. Erneut explodierte der Hansa-Block, denn für die Gastgeber verlief durch den Duisburger Rückstand fast alles nach Plan, zumal man selbst Chancen hatte. Schmährufe auch in Richtung der Hessen, denn auch die Ostsee-Städter wussten, was diese Zwischenstände für uns bedeuteten. Kurze Zeit wieder Rostocker Jubel, denn Gladbach führte plötzlich 2:0. Der Schock bei den Eintracht-Fans war nur vorübergehender Natur. 1:0 für Leverkusen hieß es plötzlich und der Optimismus kehrte zurück, auch als wenig später der Stuttgarter Ausgleich (durch einen völlig unberechtigten Elfmeter, wie sich später herausstellte) bekannt wurde, denn ab Mitte der ersten Halbzeit befreite sich unser Team aus der hanseatischen Umklammerung, aber es fehlte der Elan und die Durchschlagskraft der letzten Spiele. Auf der rechten Außenbahn tat sich gar nichts, Frank Möller ein Totalausfall, sein Namensvetter Andy ein Schatten seiner selbst. Das „linkslastig" gewordene Spiel der Eintracht war für Hansa leicht zu durchschauen. Die Eintracht hatte vor der Pause nur zwei Chancen durch Kruse und A. Möller, die jedoch in Torhüter Hofmann ihren Meister fanden. Ich fühlte mich in meinem Zweifel bestätigt, konnte mich jedoch damit nicht trösten. Erinnerungen an das Pokalfinale 1988 wurden wach. Die erste Hälfte ging damals auch klar an die Bochumer. In der Pause in Berlin bedurfte es keiner Standpauke, jeder wusste, was die Stunde geschlagen hatte. Die Eintracht betrat den Rasen und packte die Geigen aus.

Die Hoffnung auf einen Wiederholungseffekt war der Strohhalm, an den ich mich klammerte. Vorbei war jetzt auch bei mir die Ruhe, die mich seltsamerweise vor dem Spiel beschlich. Die Spieler kommen zurück. Personelle Veränderungen kann ich nicht feststellen. Was hat Frank Möller noch auf dem Platz zu suchen? Reicht ein Möller etwa nicht? Anstoß. Obwohl auch für Hansa noch alles drin ist, verlagert sich jetzt das Spielgeschehen. Die Eintracht-Angriffe rollen behäbig in Richtung der eigenen Fan-Kurve, wo die Leute in den Zaun zu beißen scheinen. Weber, immer wieder Weber. Er scheint der einzige zu sein, der seinen Willen in Leistung umsetzen kann, zumindest heute. Endlich begreift Stepi, was zu tun ist und bringt Sippel für Frank Möller. Aufatmen. Wohlwollender Begrüßungsapplaus für den Blondschopf. Kommt jetzt auch was über rechts? Es wird still im Rostocker Block. Die Wattenscheider erzielen den Ausgleich. Kurze Zeit später ein Doppelschlag der Stuttgarter Kickers gegen Bochum. Sekunden danach der Zwischenstand aus der Lohrheide. Wattenscheid führt 3:2 gegen Gladbach! Rostock somit weg vom Fenster? Denkste! Wurden diese Informationen nicht an die Spieler weitergeleitet? So hatte es den Anschein, denn völlig unbekümmert und unkompliziert waren die folgende Angriffsaktionen der Ostseestädter. Irgendwie wird Dowe im Frankfurter Strafraum angespielt. Dieser fackelt nicht lange und verlädt Uli Stein. Mein Herz steht still. Der Schweiß, den ich jetzt auf der Stirn habe ist kalt. Es ist der Schweiß der Angst. Entsetzen rings um mich herum, doch nur für kurze Zeit. Es ist der berühmte Jetzt-erst-recht-Effekt der den Fans die Stimme zurück gibt. Denn noch lauter als bisher, was keiner für möglich hielt, sind nun die Anfeuerungsrufe, doch sie haben nicht mehr den Unterton der Euphorie, sondern eher den der Verzweiflung. Aber sie verfehlen ihre Wirkung nicht. Jetzt erst recht scheint nun auch die Parole auf dem Rasen zu sein. Flanke von rechts, Kruse schraubt sich hoch, überspringt seine Ex-Kollegen und wuchtet den Ball mit dem Kopf in die Maschen. Um mich herum purzeln die Leute übereinander. Auch mich reißt einer zu Boden. Ich atme tief durch, es kommt jedoch kein Laut über meine Lippen. Ich bin seit einem Vierteljahrhundert dabei, habe schon so viel erlebt, zu viel. Wie sagte Stepi so schön vor dem Spiel? „Wir nix machen Braten ..." Anstoß. Die Hanseaten verheddern sich. Eintracht im Ballbesitz. Der Zaun hinter Hofmanns Tor droht zu bersten. Immer wieder Weber. Manchmal ist er nur drei, vier Meter von mir entfernt. Plötzlich steht Yeboah frei vor Hofmann. Ich will irgendwas schreien, vermutlich „Jjaaa" oder „Jjjetzt". Das „Jjj" erstirbt auf meinen Lippen, Tony vergibt. Wie steht es in Duisburg und in Leverkusen? Man ist informiert, auch wenn man kein Radio hat. Seit der Pause hat sich nichts geändert, auch von Sammers Platzverweis hat man gehört. Die Stuttgarter also nur noch mit zehn Mann. Nur noch 15 Minuten. Weber im Strafraum, er schüttelt zwei, drei Rostocker ab, steht frei vorm Tor, doch von hinten zieht ihm Böger die Beine weg. „Elfmeter" tönt es aus Tausenden von Kehlen. Auch ich brülle aus Leibeskräften. Schiedsrichter Berg zeigt auch für Sekundenbruchteile in die Richtung des Tatorts und verursacht erste Jubelschreie. Mitten in der Bewegung jedoch plötzlich eine 180-Grad-Drehung, die Hand zeigt zur Spielfeldmitte, also weiterspielen! Spinnt der? Hat der sie noch alle? Wie von Sinnen federt Weber aus der liegenden Position empor, verfolgt den Schiri übers halbe Feld, baut sich vor ihm auf, schreit Unverständliches aus Leibeskräften. Einige besonnene Kollegen erkennen die Situation, halten ihn fest.

Eine der vielen vergebenen Chancen. Uwe Bein scheitert mit seinem Freistoß an Torwart Hoffmann.

Unbeschreibliche Szenen auf den Rängen! Was geht hier ab? Will man uns verarschen? Noch taufrisch war die Erinnerung an den vergangenen Samstag, als Bein um einen Elfer betrogen wurde. Einige mochten sich daran erinnern, dass im Heimspiel gegen Stuttgart Weber ebenfalls ein glasklarer Elfer verweigert wurde, ein anderer gegen Bayern. Sicher dachte auch Ralf in dieser Situation daran. Steckte etwa Methode dahinter? Wie ist es möglich, dass der offensivsten, torgefährlichsten Mannschaft der Liga in einer ganzen Saison kein einziger Elfmeter zugesprochen wurde? Nur mühsam beruhigen sich die Gemüter wieder. Edgar Schmitt läuft sich seit geraumer Zeit warm und bekommt nun das Zeichen zum Einwechseln, Kruse verlässt völlig erschöpft den Platz. Wenig später ein verhaltener Torschrei, doch Sippels Treffer wurde zurecht nicht anerkannt. Rostock wankt, ist stehend k.o., die Bude ist sturmreif. Die Minuten verstreichen wie im Flug. Noch fünf Minuten. Am Strafraum kommt Schmitt in Ballbesitz, visiert überlegt die rechte Ecke an und - trifft den Pfosten. In den unbeschreiblichen Szenen von Wut, Hass, Verzweiflung und Enttäuschung geht die Nachricht vom Stuttgarter 2:1 in Leverkusen unter. Das ist jetzt auch egal, scheißegal. Ein Treffer muß her, egal wie. In den wenigen Sekunden, in denen ich noch klare Gedanken fassen kann, läuft der Saison-Film vor meinen Augen ab, gleich dem Lebensfilm bei einem Sterbenden: Die vielen verschenkten Punkte, Zicos Eigentor gegen Leverkusen, der nicht gegebene Elfer vom letzten Samstag ...
Und nun das hier. Immer wieder Angriffe auf das Rostocker Tor, die Abwehr ist weit aufgerückt, alles oder nichts! Schiedsrichter Berg schaut schon zur Uhr. Reicht es noch für einen Angriff? In der Hektik verstolpert unser Mittelfeld den Ball. Böger, der Übeltäter, bekommt ihn vor die Füße, steuert alleine auf das Frankfurter Tor zu. Stein rennt raus, doch Böger ist den Bruchteil einer Sekunde mit der Fußspitze schneller, umspielt Uli und schiebt die Kugel in die Maschen. Das wars. Spieler liegen auf dem Rasen und wollen nicht mehr hoch. Doch sie müssen, es wird noch mal angepfiffen. Dann ertönt er, der Schlusspfiff.
Aus! Es ist aus, vorbei, Feierabend. Ich nehme alles nur noch durch eine Nebelwand war. Mein Gehörsinn streikt. Drüben Weber, wie er rumtobt. Auf dem Rasen Spieler, die meisten heulend. Auch ich versuche zu heulen, es klappt nicht – noch nicht. Träume ich etwa wieder? Der Tritt

gegen den Zaun belehrt mich eines Besseren. Wenn ich im Schlaf gegen die Wand trete, werde ich wach, dann tun zwar die Füße weh, aber man ist beruhigt: Es war ein Alptraum. Das hier ist keiner, das ist bittere Realität. Um mich herum tobende und heulende Fans mit roter Gesichtsfarbe, andere schweigend und kalkweiß. Viele, zu nichts mehr fähig, sitzen wie festbetoniert auf den Plätzen.
Irgendwie bewegen sich meine Beine und tragen mich irgendwohin, ziellos.
Ich weiß nicht mehr, wie lange ich mich noch in Stadion-Nähe aufhielt. Irgendwie fand ich zurück zum Fahrzeug. Mein Weg führte an diesem unseligen Abend über eine Tankstelle, um Mensch und Maschine mit Sprit zu versorgen. Ein einsamer Feldweg irgendwo in Meck-Pomm war schnell gefunden und mit Schlafsack und Luftmatratze ein Lager für diese Nacht errichtet. Einen Beobachter dieser Szene hätte es wohl an den kranken und altersschwachen Elefanten erinnert, der den Herdenverband verlässt, um sich zum Sterben in die Weite der Savanne zurück zu ziehen. Um mich herum Stille, nur das monotone Zirpen einer Grille, hier und da Fledermäuse, die unbekümmert Insekten jagten. Warum kann ich jetzt nicht mit ihnen tauschen, einfach fortfliegen, irgendwohin! Die erste Flasche war geöffnet, eine liegende Haltung eingenommen, Tunnelblick ins Orbit. Ist er da oben, der Fußballgott? Wie viele Lichtjahre ist er von uns entfernt? Wenn es ihn gibt, muss er verdammt weit weg sein, zumindest heute. „Warum werden die Bayern elfmal Meister der Bundesliga, Braunschweig, Nürnberg, 1860 wenigstens einmal, nur wir ums Verrekken nicht?" Frage und klage ich, während die zweite Flasche den Kloß im Hals zur Pampelmuse macht und der Druck auf die Tränendrüse größer und größer wird. Jetzt liege ich hier, schieße mir die Lampe aus, aber spätestens morgen muss ich heimfahren. Die 700 Kilometer werden mir vorkommen wie 7 000, der Arbeitstag am Montag keine acht Stunden sondern 80 lang sein, mein Zahnweh, das seit drei Wochen kaum die Schwelle meines Bewusstseins überstieg, wird zum reißenden Schmerz. Hätte eine gute Fee mir jetzt einen sanften Tod angeboten, einfach einschlafen und nicht mehr zurückkommen, ich glaube, ich hätte zugestimmt. Nun, die Fee erschien nicht, irgendwie schaffte ich es nach Hause. Die Frager, wie es denn in Rostock war, entgingen alle einer Tracht Prügel, wenn auch nur knapp. Wie soll man es solchen Gestalten auch erklären, was eine solche Katastrophe mit einem macht?
Fußball wurde auch wieder gespielt. Es folgte die Saison 1992/93, in der unser Team wieder auf dem dritten Platz landete, aber nicht ein einziges Mal Tabellenführer war und auch nie so richtig in Reichweite des Titels kam. Toppmöller mit „Bye bye Bayern" betrat mit 22:2 Punkten das Parkett. Um eine Prognose hat man mich in dieser Spielzeit wohlweislich nicht gebeten. Ich wußte es, wenn ich auch nicht dreimal 0:3 hintereinander auf der Rechnung hatte. Der letzte Spieltag mit dem Sieg in Köln brachte immerhin noch Platz 5. Der Abstieg nahm seinen Lauf. Heynckes kam, Yeboah, Gaudino und Okocha wurden rausgeworfen, die Uhren gingen wirklich anders, aber nicht so, wie man sich das gewünscht hatte. Rang 9 berechtigte zur Teilnahme am UI-Cup, wo man sich vom internationalen Parkett verabschiedete, ein Jahr später dann auch aus der nationalen Bel Etage. Der Abstiegsrang nach Beendigung der Hinrunde in der zweiten Liga bedeutete den bisherigen sportlichen Tiefpunkt. In der größten Not traten neue Sympathie-Träger in Erscheinung: Heller, Ehrmanntraut, Patella. Ein neuer Geist wurde geboren, das Team hatte Spaß am Spiel, das Geld war nicht so wichtig, der Funke sprang auf die Ränge über. Mit diesem Elan wurde nach zwei Jahren Abwesenheit der Sprung zurück ins Oberhaus geschafft, wo einigen mal wieder alles nicht schnell genug ging. So musste Ehrmanntraut gehen, Fanz kam und mit ihm kehrte das sportliche Desaster zurück, dem erst Berger ein Ende setzte, da er den noch immer glimmenden Funken Euphorie wieder entfachte, der zu vier Siegen in Folge im Mai 1999 führte und den Klassenerhalt sicherte. Im Kontext mit der Historie mag man glauben, dass sich genau hier

Gerechtigkeit vollzog, denn das Glück, das uns 1992 fehlte, stand uns zur Seite, als der Ball von Westerthaler zu Fjörtoft kam, der ist im Strafraum, und ... Gleichzeitig vergab der Nürnberger Baumann eine Chance vor dem leeren Freiburger Tor. Gerechtigkeit eventuell auch in Anbetracht der Aufholjagd unter Magath, bei der auch erst am letzten Spieltag alles klar gemacht wurde (was wäre gewesen, wenn der Ulmer Heber zehn Minuten vor Ende reingegangen wäre?). Ein Jahr später der Abstieg Nummer zwei, der in seinem Zustandekommen an 1996 erinnerte.

Nun arbeitet man in Frankfurt wieder an einem Neuanfang. Und auch wenn alles mittelfristig den gewünschten Verlauf nehmen sollte, die Schere zwischen uns und den Top-Vereinen der Liga mit ihren entsprechenden Arenen und Management – machen wir uns nichts vor – klafft schon viel zu weit auseinander. Bayern, BVB, Schalke, HSV, Hertha, Leverkusen, Kaiserslautern sind uns in ihrer Entwicklung um Jahre voraus und werden, ich wage mal wieder eine Voraussage, die Meister der nächsten zehn Jahre stellen. Dahinter kommen Stuttgart, Bremen, Freiburg, eventuell Gladbach oder auch noch Wolfsburg in Lauerstellung. Was ich damit sagen will? Mit viel, viel Glück schaffen wir vielleicht mal wieder den Aufstieg in die erste Liga. Aber Meister? Meister werden wir nicht, nicht so lange ich lebe, und ich bin froh, meine Prognose aus den 70ern hier endlich mal verewigen zu können. Vielleicht staubt das Büchlein nun 30, 40 Jahre in irgendwelchen Regalen vor sich hin, bis jemand erneut diese Passage liest. Seine Worte werden sein: „Siehe da, er hatte Recht, so ist es gewesen." Und wenn doch? Vielleicht in 50, 60 oder 100 Jahren? Was weiß ich, was dann ist! Aber dann will ich zurückkommen aus der Welt meiner Väter, von Bruno Pezzey und Richard Kreß, nur für einen Tag will ich zurückkehren und als Lerche in einen goldenen Himmel über Mainhattan aufsteigen, über Frankfurt am Main, meiner Stadt, und will das Ende des Sturms besingen und im Efeu meiner Gruft wird es raunen: „You `ll never walk alone".

Aus und vorbei.

Bertl, 35 Jahre, Krankenpfleger.
Bertl ist seit frühester Kindheit Fußballer und Eintrachtfan.
Derzeit kickt er für den VfB Unterliederbach „Da wo der Trainer mich hinstellt".

Der Ralf Weber hat doch die Kamera für uns alle eingetreten
Die Bundesliga. Unendliche Reisen. Wir schreiben die Saison 1991/92 und befinden uns irgendwo im Osten an einem Ort, den die Eingeborenen Rostock nennen. Rostock, ein Ort, der mich bis zum heutigen Tag verfolgt und negative Assoziationen hervorruft.
Rostock am 16. Mai 1992, es ist ungefähr 17 Uhr 15 Uhr. Ungläubig starre ich auf den vor mir liegenden Platz, verharre noch für den Bruchteil einer Sekunde in einer absoluten Starre, um dann zu explodieren. Schiedsrichter Alfred Berg aus Konz bei Trier (A. B. aus K. bei T.) hat soeben das letzte Spiel der Saison 91/92 abgepfiffen.
Das Spiel ist aus, aus und verloren, ebenso wie die Seelen der Fans, die mitgereist sind, oder die derer, welche zu Hause vor den Bildschirmen und Rundfunkgeräten mitgelitten haben. Wir waren auf der Siegerstraße, wir hatten dieses verdammte kollektive (Wir-)Gefühl, es zu schaffen und endlich einmal ganz oben zu stehen, die Schale in den Händen zu halten und die Meisterschaft an den Main zu holen. Aber weit gefehlt, kollektiv sind wir auf die Fresse gefallen, die Ziellinie vor Augen, und stehen da mit leeren Händen. Um mich herum wird zum Teil hemmungslos geweint.
Schon kurz nach meiner Explosion finde ich mich auf dem Stadionzaun wieder, zum x-ten mal während dieses Spieles, schreie meine ganze Wut, die Enttäuschung und den Haß heraus. Hunderte tun es und der Zaun beginnt sich langsam unter der Last zu biegen. Auf den Rängen hinter dem Tor, auf das die Eintracht in der zweiten Halbzeit stürmte, spielen sich wilde Szenen ab. Adlerfront und Presswerker stürmen auf die Cops los, die Situation eskaliert in den Blöcken und mittlerweile auch schon vor dem Stadion, ein riesiges Ventil scheint geöffnet.
Auf dem Platz bietet sich ein Bild des Jammers, die Spieler liegen auf dem Rasen und vergraben ihre Gesichter unter sich. Ralf Weber, ich habe das ganz ehrlich erst viel später so richtig registriert, attackiert eine Fernsehkamera und tritt sie einfach mit Füßen ein. Wie oft haben wir uns später noch gewünscht, dass er diesen Tritt in den Arsch von Schiedsrichter A. B. aus K. bei T. platziert hätte, mehr als einmal auf alle Fälle.
Die Ereignisse rund um diese Kamera werden später als „ausrasten" verurteilt und Ralf Weber öffentlich als unbeherrscht an den Pranger gestellt. Für was, frage ich mich bis heute? Dafür, dass jemand, der seinen Beruf zu 100 Prozent ernst nimmt und sich um den größten Lohn seiner Arbeit betrogen fühlt, sich das Recht heraus nimmt, seinem Ärger Luft zu machen. Hätte Weber angefangen, das ganze Rostocker Ostseestadion mit den Händen einzureißen, so hätte er sich meiner ganzen Sympathie versichert gewusst und nicht wenige wären ihm dabei hilfreich zur Hand gegangen.

Tatsache ist und bleibt, dass die Eintracht um einen Elfmeter und damit wohl auch um die Meisterschaft betrogen wurde, oder will irgend jemand (außer vielleicht aus der Stadt der Unaussprechlichen) daran zweifeln, dass Uwe Bein das Ding im Kasten versenkt hätte?
Des Dramas Anfang:
Bier, Äppelwoi, jede Menge Worscht und Steaks. Dazu ein Haufen junger, enthusiastischer Menschen, die sich bereits in Stimmung brachten, um die Meisterschaft zu feiern. Es ist Freitagabend. Das Ambiente lässt keine Wünsche offen, bei gutem Wetter wird vor dem Haus gegrillt und getrunken. Über uns an der Hauswand prangt das Konterfei von Uli Stein, lebensgroß und mit der Meisterschale. Dank einer großen Frankfurter Tageszeitung, die damals eine große Anzeigenaktion mit der Mannschaft der Eintracht startete und der Unachtsamkeit der Deutschen Städte-Reklame gelangten wir an dieses herrliche Bildnis.
Es wird viel gelacht und gesungen in dieser Nacht, unsere spießige Nachbarschaft stört sich einmal nicht an der Lautstärke des Fußball-Gegröls. Ob sie allerdings wirklich je verstanden haben, wie wichtig der folgende Tag für uns werden sollte, bezweifele ich bis heute ernsthaft.
Die, welche keine Karten mehr für das Spiel bekommen haben, verabschieden uns am frühen Morgen mit den besten Wünschen, bis spätestens auf dem Römer ... so ähnlich muss es wohl gewesen sein.
Unterwegs Richtung Osten. Überall auf der Autobahn sind Frankfurter Fans auszumachen, die wie wir das gleiche Ziel haben. In Rostock ist das, was man Innenstadt nennen kann, fest in Frankfurter Hand. Allerdings scheint hier Trostlosigkeit Trumpf zu sein und so entschließen wir uns zu einem Ausflug an den nahen Ostseestrand.
Zuvor besuchen wir verbliebene Relikte des Sozialismus, um uns mit Getränken einzudecken. Eine lange Menschenschlange erweckt unser Interesse, bei Annäherung stellen wir fest, dass es sich um eine Art Konsum handelt. Unser Versuch, den Laden ohne Einkaufswagen zu betreten, wird von der aufgebrachten Schlange verhindert. Pro Nase ein Einkaufswagen, sonst kein Eintritt.
Bei herrlichem Sonnenschein verbringen wir die Stunden vor dem Anpfiff an der Ostsee mit Biertrinken und Fußballspielen.
Wir sind eineinhalb Stunden vor Spielbeginn am Stadion. Vor der Kurve der Rostocker hat die Polizei Wasserwerfer aus längst vergangenen Tagen aufgefahren. Die Dinger sind so alt, wahrscheinlich haben sich sämtliche Cohn-Bendits und Fischers dieser Erde daran ausgetobt. Überhaupt, das Polizeiaufgebot ist enorm. Wir gehen in Richtung des Frankfurter Blocks und lassen uns von der Freundlichkeit der Staatsmacht unangenehm überraschen.
Es herrscht ein riesiges Durcheinander, die Cops verwehren Leuten trotz gültiger Eintrittskarten den Zugang ins Stadion. Fadenscheinige Begründungen, die Blöcke wären überfüllt, es würde halt nichts mehr gehen. Die Stimmung an den Toren heizt sich auf und es kommt zum Austausch von Nettigkeiten, zunächst noch verbaler Art und schließlich wird es handgreiflich. Das muss man sich einmal vorstellen: Da fahren Fans über 600 Kilometer, um das entscheidende Spiel ihrer Mannschaft zu sehen und werden dann trotz gültiger Eintrittskarte nicht eingelassen. Polizei und Ordnungsdienst sind völlig überfordert und nicht in der Lage, die Situation zu beruhigen.
Es kommt ,wie es kommen muss, der stinknormale Familienvater mutiert und legt sich zu Recht mit der Obrigkeit an. Sein kleiner Schisser steht derweil am Rand geparkt, verfolgt ängstlich die Szene und wundert sich sehr, was der Freund und Helfer so alles mit Papa anstellt. Die Staatsmacht produziert sich, aber am Ende kommen glücklicherweise doch alle ins Stadion.
Das Spiel wird zur unendlichen Prüfung der eigenen Leidensfähigkeit. Mich interessieren keine Ergebnisse von anderen Spielen, zumindest hatte ich das damals so für mich beschlossen und es ist mir auch fast gelungen.

Rostock war so gut wie abgestiegen, also was sollte denn hier noch schief gehen? Ein Sieg war einfach Pflicht und unser gutes Torverhältnis sollte uns vor weiterem Übel bewahren. Wir werden Meister, daran gibt es nichts zu rütteln. Doch, um mich sinngemäß der Worte eines unserer großen Dichter zu bedienen – und das Phrasenschwein mit Fünfmarkstücken zu füttern – erstens kommt es anders und zweitens als wir alle dachten.

Zunächst war da unsere eigene Mannschaft, die in ihrer unwiderstehlichen Art einmal mehr direkte Aufbauhilfe-Ost leistete und die Rostocker nicht entscheidend in die Knie zwingen konnte. Doch die absolute Krönung des Spiels war der ausbleibende Elfmeterpfiff des Herrn A.B. aus K. bei T. Beim Stand von 1:1, kurz vor Ende der Partie wurde Ralf Weber im Strafraum eindeutig von den Beinen geholt. Direkt vor unser aller Augen, direkt vor der Kurve der Frankfurter Fans, auf gleicher Höhe mit dem Linienrichter (der hieß damals noch so).

Es bleibt bis zum heutigen Tag ungeklärt, was in dieser Phase des Spiels bei Herrn A.B. zum Totalausfall seines gesamten geistigen Potentials geführt hat. War es ein gedeckter Scheck aus Stuttgart, konnte der Mann die Eintracht schlicht und ergreifend nicht leiden oder hatte der Kanzler der Einheit selbstherrlich den Nichtabstieg eines Ostvereins beschlossen.

Egal wie, der Pfiff blieb aus und damit konnte der fällige Elfmeter, der die sichere Meisterschaft bedeutet hätte, nicht verwandelt werden. Mir ist es bis zum heutigen Tag wirklich egal, ob sich A.B. im Nachhinein entschuldigt hat und zugibt, sich geirrt zu haben, hinterher kann er dies mit Leichtigkeit von sich geben. Von meiner Seite aus bekommt er keine Absolution, denn ich bin schließlich nicht der liebe Gott. Wäre ich selbiger, hätten die Rostocker die Hütte so richtig voll bekommen (mindestens sieben Stück, wenn nicht mehr) und dem Alfons Berg würde heute noch ein gigantisches Furunkel an den Hintern wachsen, das sich gewaschen hätte.

Am Ende war alles, was wir uns erträumt hatten verloren, fast im Gegenzug des nicht gegebenen Elfmeters schossen die Rostocker das 2:1 und kurz danach war die Partie beendet.

Auf dem Rasen und den Rängen herrschte eine Mischung aus Wut und Ohnmacht. Während die meisten Spieler auf dem Platz kauerten, entlud sich auf der Tribüne die Empörung. Polizei und Ordner waren die ersten, die in den Genuss derselben kamen. Hatten sie sich das ganze Spiel über in die Herzen der Massen geprügelt, mussten sie nun als Ventil herhalten. Ungefähr zu dieser Zeit tritt Weber die eingangs erwähnte Kamera zu Boden und versucht sich Herrn A.B. zu

Eintracht

Frankfurt

nähern. Wie schon gesagt, persönlich fand ich es schade, dass er ihn nicht wirklich erwischt hat, mal abgesehen von den Folgen für sich selbst und den Verein. Von Seiten der Fans wäre ihm dafür mit Sicherheit ein Denkmal gesetzt worden und an jedem Jahrestag würden wir ihm mit Handkäs und Äppelwoi eine Opfergabe zu Füßen legen.

Als wir das Stadion verließen, tobte um das Oval herum ein munteres Völkchen, alle darauf bedacht, sich mit Nettigkeiten zu bedenken. In aller Freundschaft wurden Schläge, Tritte und diverse Wurfgeschosse ausgetauscht. So manch einer kam in den Genuss, die Heimfahrt ohne Frontscheibe seines Autos anzutreten, fürwahr ein unvergessliches Erlebnis, gelle!

Da unsere Reisegruppe an derlei Gewalttätigkeiten kein Interesse hatte, beschlossen wir, zurück nach Frankfurt zu fahren.

Mit heilem Auto und in voller Besatzung verließen wir „Alesia". Das einzige, was nachhaltig gelitten hatte, war unsere seelische und moralische Verfassung. Wie paralysiert steuerten wir in Richtung Heimat, kurz nach Rostock legten wir einen Tankstopp ein und wurden von einem nervigen Tankwart belästigt. Der rafft offensichtlich gar nichts, auf jeden Fall textet er uns von oben bis unten voll. „Sie wären ja trotz Sieg abgestiegen, die armen Rostocker, da könnten wir ja gemeinsam trauern" und so weiter.

Ja, geht's noch? Uns war doch wirklich scheißegal, was mit diesem blöden Verein passiert ist, die sind halt abgestiegen, aber wir sind nicht Meister geworden. So etwas kann man doch beim besten Willen nicht miteinander vergleichen. Wie konnte dieser Fehlgeleitete je annehmen, dass wir seine Probleme verstehen, geschweige denn ihm zuhören wollen. Wir bezahlten und überließen ihn seinem Kummer, den unsrigen nahmen wir mit auf die lange Heimfahrt.

Zu Hause angekommen, an jenem Ort, wo die Reise begann, bot sich ein Bild der Trostlosigkeit. Überall im Vorgarten verstreut lagen diverse Fan-Devotionalien unserer Eintracht. Die Enttäuschung der Daheimgebliebenen war offensichtlich. Oben im Bett fand ich einen meiner sichtlich zerstörten Mitbewohner, es bedarf keiner großen Erwähnung, dass er bis zum Anschlag besoffen war. Sein leidvoller Anblick traf mich tief und nachhaltig und schließlich tat ich es ihm gleich. Und ich schien es ordentlich gemacht zu haben, denn nur so kann ich mir erklären, dass ich mir am nächsten Tag die Bilder noch einmal via TV ansehen konnte.

Das Cover der CD des EFC Schwarzer Geier.

Langer Nachtrag mit Musiktiteln von der CD des Fanclubs EFC Schwarzer Geier:
Es ist als großes Glück zu bezeichnen, Anhänger von Eintracht Frankfurt zu sein und nicht etwa von Schalke 04 (mein Bruder möge mir verzeihen).
Nicht auszudenken, wir wären damals Meister der Herzen geworden. Aber dafür war der Erfindungsreichtum der Journalisten dieser Zeit noch nicht geschaffen und ich bin dankbar dafür (ran – fuck off).
Eintracht Frankfurt wird für immer mein Verein sein, komme was wolle und vielleicht singen wir in ein paar Jahren, wenn das Schlimmste überstanden ist, auch mal wieder „Eintracht wird Meister". Schön wär`s!
Aber bis dahin wird bestimmt noch viel „Äppelwoi" in mein Hals enei fließe und der wird auch nötig sein, um die momentanen Gegebenheiten zu ertragen. Rostock war der Beginn eines langsamen und kontinuierlichen Abstiegs. Die Mannschaft spielte zwar in der Folgezeit noch auf relativ hohem Niveau, doch schaffte sie es in den entscheidenden Momenten nicht, sich im Kampf um die Meisterschaft zu behaupten. Mit der Verpflichtung des Trainers J. Heynckes und der dar-

aus resultierenden Entlassung der Spieler Gaudino, Okocha und Yeboah stand der Verein „am Abgrund der Dummheit".
Der unaufhaltsame Abstieg wurde durch fatale Fehlentscheidungen und Missmanagement innerhalb der Führungsetage beschleunigt. Es kam, wie es kommen musste. In der Spielzeit 1995/1996 stieg die Eintracht erstmalig in ihrer Geschichte aus der ersten Bundesliga ab. Es folgten zwei Jahre in der zweiten Liga. Unter Hotte Ehrmantraut erlebte sowohl der Gartenstuhl als auch die Eintracht ihren Aufstieg.
Die beiden Jahre in der zweiten Liga führten zu einer großen Veränderung innerhalb der Frankfurter Fan-Szene. Blieben im Jahr des Abstiegs die sogenannten Erfolgs-Fans den Spielen fern, so wurde mit der Gründung der Ultras-Frankfurt und dem Umzug auf die Gegengerade ein wichtiger Schritt in Sachen Support unternommen. „Du wärst so gern dabei" gewesen, waren meine Gedanken, als die Eintracht im Spiel gegen den Karnevalsverein aus Mainz den Wiederaufstieg perfekt machte und Tausende den Rasen stürmten.
Die Mannschaft vom Riederwald lieferte in der Saison 1998/1999 ein Herzschlagfinale. „Im Wald da spielt die Eintracht" im letzten Spiel der Saison gegen den 1. FC Kaiserslautern und gewinnt in einer an Dramatik nicht zu überbietenden zweiten Halbzeit mit 5:1. Mit einem Tor Unterschied wird der erneute Abstieg verhindert. Von der Großmutter bis zum „Hooligan", alles, was für Frankfurt ist, feiert dieses Ergebnis wie den Gewinn der Meisterschaft („Football `s coming home"). Die nächste Saison verläuft ähnlich und erst der letzte Spieltag, wiederum ein Heimspiel gegen Ulm, sichert die Zugehörigkeit zur ersten Liga.
„Erbarme, zu spät – die Hesse komme" erklingt zum letzten Mal in der Saison 2000/2001 in der Bundesliga. Eine Mannschaft, die bis auf wenige Ausnahmen an Niveau nicht zu unterbieten ist, erreicht souverän den erneuten Abstieg. „Schönes Frankfurt am Main" muss traurig sein.
Die Fans der Eintracht, die trotz aller Widrigkeiten bei Schnee, Regen und wenn die Sonne scheint ins Stadion gekommen sind und ihrem Verein die Treue gehalten haben, verabschieden die Spieler mit einer regelrechten Orgie von Spruchbändern. Eines ist vielleicht symptomatisch für das Verhältnis der Fans zu ihrem Club: 2. Liga – wir sind dabei auch ohne Ausstiegsklausel.
Da stehen wir nun heute in der zweiten Liga auf einem Platz, der weit von denen entfernt ist, um in der nächsten Runde wieder erstklassig spielen zu dürfen. Aber dem nicht genug, plagen uns und den Verein noch andere Sorgen und die heißen Schulden und Lizenzierungsverfahren. Persönlich bin ich mir derzeit nicht sicher, ob die Eintracht überhaupt noch eine Zukunft im bezahlten Fußball hat, oder wie andere Traditionsvereine vor ihr den bitteren Weg in die Niederungen des Amateursports gehen muss. Wir müssen auf das Schlimmste gefasst sein.
Aber egal ob erste, zweite, Regionalliga oder Europaliga Hessen, ich werde weiter hingehen und mir die Spiele ansehen und auf bessere Zeiten hoffen. Der Hohn und den Spott, den andere da über mich ausschütten mögen, interessieren mich nicht, die werden eh niemals verstehen, was für eine Bedeutung es für mich hat, oder wie Liesl Christ einmal sang: „Wie kann nur e Mensch net für die Eintracht sei!"
Ihr Erziehungsberechtigten dieser Erde nervt mich gehörig ab, wenn ihr eure Kinder in Trikots von Bayern München, Borussia Dortmund oder sonst irgendeines vermeintlich erfolgreichen Clubs steckt. Dafür nehmt ihr stundenlange Fahrten auf euch, nur damit die Schisser mal ein Spiel ihrer Lieblingsmannschaft sehen können, anstatt alle 14 Tage im Waldstadion dabei zu sein (Erfolgserlebnis in beiden Fällen ungewiss). Ihr habt doch bloß Angst davor, dass euch die lieben Kleinen die Ohren voll heulen, wenn ihr Verein mal nicht ganz oben steht. Außerdem nehmt ihr dem Nachwuchs die einmalige Chance zu lernen, dass ein Leben auch nach Niederlagen weitergeht und aus solchen besteht. Oder sollen sie das erst lernen, wenn sie die Uni

verlassen haben und perspektivlos in der Gosse hängen? Die Sonne kann einem nicht andauernd aus dem Arsch scheinen, seht es endlich ein.

Meine Gedanken kreisen um bessere Zeiten für Eintracht Frankfurt und ich hoffe bald wieder Alexander Schur auf dem Römer singen zu hören: „Nie mehr zweite Liga" und denke bei einer drei Minuten Suppe darüber nach, ob ich meiner Süßen bei der Aufstiegsfeier vielleicht auch einen Heiratsantrag wie der Zampe machen sollte.

Aber bis dahin wird noch en Haufe Wasser de Maa runnerfließe und merr müsse geduldisch sei. Vor ein paar Wochen habe ich gelesen, dass der „Sabini" ablösefrei zu holen wäre, das ist doch eine heute noch Verstärkung und so alt kann er mittlerweile auch nicht geworden sein. Mit dem im Sturm könnten wir wenigstens wieder ein paar Tore schießen und „Kassakka" tanzen auf den Tribünen, wie in der „gute alte Zeit".

Rostock und die dortigen Ereignisse haben mich gelehrt, was man als Eintrachtfan bereit sein muss auszuhalten, aber trotzdem niemals aufzugeben. Wir sind nun einmal zum Leiden geschaffen, dass ist unser Los. Wir werden es vielleicht zu Lebzeiten nicht mehr erleben, dass Eintracht Frankfurt irgendwann als Deutscher Meister die Saison beendet. Aber auch dies wird uns nicht davon abhalten, den Verein zu unterstützen, alles zu geben, die Eintracht in jedem Spiel nach vorne zu treiben, um gemeinsam mit ihr zu gewinnen oder zu verlieren.

Als Schlusswort möchte ich eine Aussage meines Freundes Horst Schnellinger zitieren, die alles trefflich auf den Punkt bringt: „Der Ralf Weber hat die Kamera doch für uns alle eingetreten"

EINTRACHT-SHOP
Sport- und Fanartikel GmbH

Inhaber: Joachim Garthe & Joachim Pflug
Bethmannstraße 19 ♦ 60311 Frankfurt
Telefon 069 / 28 30 10 ♦ Telefax 069 / 29 19 52
www.eintrachtshop.de

EURE ADRESSE IN FRANKFURT FÜR FAN- UND SPORTARTIKEL + EINTRITTSKARTEN ALLER ART

- 10% Rabatt auf Fan- und Sportartikel für alle Mitglieder von Eintracht Frankfurt und Mitglieder der offiziellen Eintracht-Fanclubs
- Karten für alle Heim- und Auswärtsspiele von Eintracht Frankfurt
- Großes Bundesliga-Sortiment & viele Spitzenclubs aus den Top-Ligen Europas sowie Nationalmannschaften aus der ganzen Welt
- Eintrittskarten für Sport- und Musikveranstaltungen aller Art
- Umfangreiche GROUNDHOPPER-Kollektion
- 24 Stunden-Online-Shop inkl. Karten-Center

HOLIDAY LAND

Reisebüro Garthe & Pflug GmbH
Inhaber: Joachim Garthe & Joachim Pflug
Triftstraße 20 ♦ 60528 Frankfurt
Telefon 069 / 67 73 67-0 ♦ Telefax 069 / 67 73 67-27
www.reisebuero-gup.de

EUER REISEBÜRO VON EINTRACHT-FANS FÜR EINTRACHT-FANS!

- GESCHÄFTSREISEN
- SPORTREISEN
- URLAUBSREISEN

Spezielle Sonderkonditionen
für Eintracht-Fans (auf Anfrage)!

Matthias, 29 Jahre, Mitautor dieses Buches.

Das Trauma kehrt zurück
Um es vorweg zu nehmen. Ich bin Rostock bis heute nicht losgeworden. Rostock lauert überall und ist jeden Moment in der Lage, mir die Laune zu verderben. Beispiel gefällig?
Das Kicker Sonderheft. Zu Beginn einer jeden Saison kauft man sich erwartungsfroh die dicke Schwarte. Die Seiten, auf denen der VFB Stuttgart und Hansa Rostock vorgestellt werden, werden längst gekonnt überblättert. Trotzdem kommt spätestens auf der Seite mit der Ewigen Tabelle der Bundesliga wieder Wut hoch. Nicht wegen der Tabelle. Dort steht die Eintracht wacker unter den Top Ten und untermauert weiterhin, dass sie in Deutschland tatsächlich eine große Nummer ist. Das Ärgerliche findet man einige Zeilen darunter. Alle Tabellenführer der Bundesliga sind fein säuberlich aufgelistet. In dieser Tabelle ist die Eintracht auf Platz 8. Sage und schreibe 56-mal waren wir in Bundesligazeiten Erster. 16-mal mehr als der direkt hinter uns platzierte VFB Stuttgart. Der allerdings wurde seit 1963 zweimal Deutscher Meister. Die Eintracht kein einziges Mal. Auch nicht in der Saison 1991/1992, als sie an 19 Spieltagen die Tabelle anführte und am letzten Spieltag doch noch überholt wurde. Vom VFB, der seit Einführung der Bundesliga lächerliche 40-mal den Platz an der Sonne belegte.
Seit jenem 16. Mai 1992 ist rund um die Eintracht viel geschehen. Das meiste war höchst unerfreulich. Trotzdem hat mich kein Ereignis so sehr geprägt, wie die 1:2-Niederlage im Ostseestadion.
Seit ich elf Jahre alt bin, gehe ich zur Eintracht. Großgeworden bin ich in den (fußballerisch) tristen 80ern, in denen es eine Sensation war, wenn im Waldstadion mal mehr als 25 000 Zuschauer waren. Die Eintracht dümpelte in der ersten Liga vor sich hin und als sie 1988 in Berlin einmal an Ruhm und Reichtum schnupperte, saß ich dank der übergroßen Fürsorge meiner Erziehungsberechtigten in Hofheim frustriert vor dem Fernseher. Die erste Berührung mit der Deutschen Meisterschaft hatte ich dann, wie viele gleichaltrige Fans, in der Saison 89/90. Plötzlich spielte die Eintracht tollen Fußball. Nach dem tragischen 0:1 bei den Bayern war der Titel zwar im Frühjahr 1990 geplatzt, aber das Ziel war jetzt klar definiert: Einmal Deutscher Meister sein. Und in der Saison 1991/1992 schien der große Traum in Erfüllung zu gehen: Die Eintracht spielte schön und erfolgreich. Die unvergesslichen Siege in Leverkusen und Karlsruhe waren grandiose Meilensteine auf dem Frankfurter Weg zum Fußball-Olymp. Gerade nach dem Spiel in Leverkusen war ich mir sicher, jetzt geht nichts mehr schief. Als Ende April 1992 die SG Wallau-Massenheim zum ersten Mal in ihrer Vereinsgeschichte Deutscher Handballmeister wurde, fuhr ich mit Freunden nach Wallau. Wir haben mitgefeiert, was das Zeug hielt. Nicht weil wir Handballfans waren oder weil wir Wallau-Massenheim so toll fanden.

Für uns war die Meisterfeier der SG lediglich eine Art Generalprobe. Natürlich eine kleine und gemütliche Generalprobe. Drei Wochen später wollten wir in Frankfurt um einiges härter abgehen. Die Tage vor dem entscheidenden Spiel waren dann erfüllt von einer gespannten Vorfreude. Auf dem Plattenteller lief unendlich oft Rio Reisers „König von Deutschland". Der Text war längst abgeändert: „Das alles, und noch viel mehr, würd' ich machen, wenn ich Deutscher Meister wär". Angst vor einer Niederlage im entscheidenden Spiel hatte ich nicht. Mein Alptraum war ganz anderer Art. Ich hatte Angst, beim Meisterschaftsplatzsturm von üblen Rostocker Hooligans eins auf die Nase zu bekommen und die Siegerehrung im Rotkreuzelt zu erleben.

Dann kam der 16. Mai. Die Erinnerungen, die ich an den Tag von Rostock habe, sind nicht sehr reichhaltig. Beeindruckend waren auf jeden Fall die vielen Eintrachtfans. In der Stadt liefen einem oft Gruppen von 100–150 Frankfurtern über den Weg, die alle optimistisch die Kunde vom kommenden Deutschen Meister heraussangen. Die Erinnerungen an das Spiel reduzieren sich auf die wahnsinnige Aufregung, die mich Mitte der ersten Halbzeit veranlasste, den Block zu verlassen. Zur zweiten Halbzeit kam ich zurück und sah die verzweifelten und hektischen Bemühungen der Eintracht, das Spiel doch noch zu gewinnen. Den Ausgleich habe ich verhalten bejubelt, zu groß war die Ungewissheit und Nervosität. Schlimmer als den verweigerten Elfmeter empfand ich den Pfostenschuss von Edgar Schmitt. Danach war klar: Der Traum war aus. Die Minuten bis zum Abpfiff und das allgegenwärtige heulende Elend danach waren das Traurigste, was ich jemals rund um ein Fußballspiel erlebt habe.

Lange nach Spielende trottete ich zum Busparkplatz und traf dort auf meinen Hausnachbarn Otmar Lehmler. Der zweifache Familienvater war schon lange nicht mehr auswärts dabei gewesen, aber die Meisterschaft wollte auch er sich nicht entgehen lassen. In der Woche vor dem Rostockspiel hatte er noch stolz bei mir geklingelt und ernsthaft zwei Eimer mit schwarzer und roter Farbe präsentiert. Damit wollte der Mittvierziger sonntags nach seiner triumphalen Rükkkehr den Bürgersteig vor seinem Haus streichen. Jetzt war auch Otmar nur noch ein Häufchen Elend. Mit verheulten Augen schmierte er mir umständlich ein Käsebrötchen und versuchte mich aufzuheitern, obwohl er sicher selbst Zuspruch gebraucht hätte.

Otmar (links) mit seinem Kumpel Edgar – noch heute stehen die Farbeimer im Keller.

Unsere Heimfahrt mit Zwischenstopp auf der Hamburger Reeperbahn versank dann im Alkohol.
Trotz der großen Enttäuschung fuhr ich am Sonntag früh auf den Römer. Was sollte man auch sonst machen? Der Empfang der Mannschaft wurde zu einer Gruppentherapie. Wir waren der „wahre Meister" und wir haben diese Meisterschaft gefeiert. Auch ohne Schale und Wimpel.
Und einige Wochen später haben wir es auch dem VFB Stuttgart gezeigt. Bei strömendem Regen siegten wir im Fuji-Cup gegen die Schwaben, und auch wenn man den Sieg in die-

Vergangenheitsbewältigung I: Aufkleber

sem unbedeutenden Turnier heute belächeln mag wir haben uns trotzdem gefreut. Natürlich wussten wir, dass der Fuji-Cup ein Scheißdreck ist, eine gewisse Genugtuung war das 2:0 dennoch.
Trotz Verschwörungstheorien und tragischem Pech mit Pfostenschuss traten die Ereignisse von Rostock für mich in den folgenden Monaten in den Hintergrund. Klar hatte ich einen Hals auf den Schiedsrichter, Hansa und vor allem auf den VFB Stuttgart. Aber ich vertraute dem „Geist vom Römer". Dieses positiv-trotzige Gefühl hatte auch mich erfasst. 1992 hatte es nicht geklappt, dann würden wir den Titel halt ein Jahr später holen. Als sich 1993 abzeichnete, dass es die Eintracht erneut nicht schaffen würde, kehrte Rostock zurück. Und dieser Rhythmus sollte sich auch im folgenden Jahr wieder einstellen. In den Wochen, in denen klar wurde, dass der Deutsche Meister einmal mehr nicht Eintracht Frankfurt heißen würde, griff ich immer öfter zu der Kassette mit dem Spiel von 1992. Immer wieder schaute ich mir die letzten 15 Minuten des schicksalsträchtigen Spiels an. Irgendwann war ich soweit, dass ich das Gefühl hatte, Edgar Schmitts Pfostenschuss muss doch jetzt endlich ins Tor gehen. Aber der Videorecorder folgte den Gesetzen der Technik und nicht meinen Träumen. Der Ball ging weiterhin an den Pfosten und ich vertröstete mich ein ums andere Mal auf das kommende Jahr. Vergebens.
Besonders hart für einen Rostock-Geschädigten wie mich war das Jahr 1995. Vielleicht liegt es daran, das sich die Eintracht 1995 so weit von der Meisterschaft entfernt hatte, das man als Fan keine Gedanken und Emotionen in irgendwelche Eventuells, Wenns und „Vielleicht klappt's ja doch noch" stecken konnte. Sicher aber auch daran, dass 1995 gleich drei Dinge vorfielen, die unmittelbar mit Rostock zu tun hatten.
Da war zum einen die Entscheidung in der Meisterschaft. In der Saison 1994/1995 hatte die Eintracht, wie gesagt, erstmals seit 1989 definitiv nichts mehr zu tun mit Meisterehren. Anders unser Konkurrent von damals. Der BVB lag gut im Rennen und drohte nun zu gewinnen, was auch er 1992 nur knapp verpasst hatte. In meiner Verzweiflung hoffte ich jetzt auf den SV Werder Bremen. Denn wenn wir schon nicht Deutscher Meister werden sollten, dann sollte es bitteschön unser unglücklicher Kompagnon von 1992 auch nicht werden. Also betete ich, dass der BVB auf der Ziellinie straucheln würde. Aber Dortmund gewann gegen den HSV (Andreas Möller schoss zu allem Überfluss auch noch ein Tor) und wurde Deutscher Meister 1995. Obwohl sich die Eintracht mit einem 3:1 gegen 1860 München immerhin noch für den UI-Cup qualifizierte, was schöne Auswärtsspiele versprach, war mit der Meisterschaft des BVB der Abend für mich gelaufen. Die Bilder von feiernden Dortmundern, die mit drei Jahren Verspätung ihren Traum erfüllt hatten, wollte ich mir nicht anschauen. Sie hatten ihren Titel – ich nicht.

Ein weiteres Ereignis, das 1995 in der noch offenen Wunde bohrte, war das Auswärtsspiel in Uerdingen. Am 19. August 1995 pfiff Alfons Berg erstmals nach 1992 wieder ein Spiel der Eintracht. Vom Spiel weiß ich lediglich noch das Ergebnis, 1:1. Aber das Drumherum ist mir in Erinnerung geblieben. Am Abend vor dem Spiel marschierten wir ins Feld und pinselten ein großes Plakat mit der Aufschrift „Berg Du Schieber". Am nächsten Tag patrouillierte ich dann in der Grotenburg-Kampfbahn. Ich wollte den Mann sehen, der uns Rostock eingebrockt hatte, und war vollkommen irritiert, als sich Alfons Berg (!) mit seiner Sporttasche plötzlich und ohne Begleitung in Richtung Eintrachtkurve begab. Da stand er nun, gut eine Stunde vor Spielbeginn, und unterhielt sich mit einigen Eintrachtfans. Dass er das Foul damals nicht gesehen habe und dass es ihm auch heute noch Leid täte, sagte er. Die Fans honorierten so viel Mut und als Berg sich von der kleinen Gruppe verabschiedete, erntete er verhaltenen Applaus. Trotz dieses couragierten Auftritts hängten wir unser Plakat im Stadion auf und waren schon enttäuscht, dass kein anderer Frankfurter auf eine ähnliche Idee gekommen war.

Die letzte Begegnung mit der verpassten Meisterschaft im Jahr 1995 sollte dann am Ort des Grauens selbst stattfinden. Am 28. Oktober 1995 stand das Auswärtsspiel in Rostock an. Aber eine Rauchbombe von Rostocker Fans, die dem Verein eine Platzsperre einbrachte, bewahrte alle Frankfurter vor einer Rückkehr an die Ostsee. Und so fuhren wir zum Spiel gegen Hansa erleichtert nach Berlin. Das Olympiastadion war mir allemal lieber als das Ostseestadion. Bloss nicht mehr nach Rostock.

Mit dem Abstieg aus der ersten Bundesliga im Jahr 1996 hatte sich das Thema Meisterschaft für die Eintracht und mich endgültig erledigt. Aber die Erinnerungen an den 16. Mai 1992 blieben. Und in unregelmäßigen Abständen tauchten sie wieder auf. Dazu reichte schon ein entgegenkommendes Auto mit Kennzeichen HRO. Überhaupt Rostock. Die grenzenlose Ablehnung dieser Stadt führte bei mir gleichzeitig zu einem gesteigerten Interesse an ihr. Nachrichten wurden interessant, wenn sie aus Rostock kamen. Genaugenommen brachte mir meine konsequente Antipathie Rostock näher, als mir lieb war. Hat es mich jemals interessiert, wenn in Hamburg eine Schiffswerft in Geldnöten war? Was weiß ich über die Stunde Null in Kaiserslautern? Von Rostock kann ich diesbezüglich einiges erzählen.

Am 7. November 1998 trat dann nach über sechs Jahren doch das scheinbar Unvermeidliche ein. Die Rückkehr ins Ostseestadion zum Auswärtsspiel der SGE. Diesmal gab es keine Rauchbomben und keine Platzsperre. Es war schon ein komisches Gefühl, in das Stadion zurückzukehren, in dem man viele Jahre zuvor aller Fußballträume beraubt wurde. Zum ersten und letzten Mal nach dem 16. Mai 1992 suchte ich den Platz, von dem aus ich das Spiel damals erlebte. Ich habe mich oft gefragt, wie es wohl ein zweites Mal im Ostseestadion sein würde. Letztlich war es unspektakulär. Ein Spiel des Tabellensechzehnten gegen den Tabellenvierzehnten vor einer mäßigen Kulisse. Außer dem Stadion erinnerte wirklich nichts mehr an den Mai 1992. Das große Déjà-vu-Erlebnis blieb aus. Das Auswärtsspiel der Eintracht im November 1998 war übrigens auch ein Abschied. Denn ab Februar 1999 musste das alte Ostseestadion einem kompletten Neubau weichen. Nach und nach wurden die Bänke, in die wir gebissen haben, abmontiert. Auch die Zäune, an denen wir verzweifelt gerüttelt haben, sind verschwunden. Und die Anzeigetafel, zu der wir uns im Frühsommer 1992 immer wieder flehendlich umgesehen haben, stand bei meinem letzten Besuch anlässlich des Bundesligaspiels der Eintracht im Februar 2001 einsam und ausgegrenzt hinter den neugebauten Blöcken. Heute erstrahlt das ganze Ostseestadion im neuen Glanz. Ein Schmuckkästchen, wie mein Freund Siggi so schön sagt. Lediglich die alten, markanten Flutlichtmasten zeigen mahnend gen Himmel und erinnern an den Tag, an dem die Eintracht hier ihre zweite Meisterschaft verlor.

DIE FANS

Vergangenheitsbewältigung 2: Öffentliche Aufklärung über den Skandal.

Im Mai 1999 glaubte ich endlich, Rostock doch noch überwunden zu haben. Der überraschende Klassenerhalt im Spiel gegen den 1. FC Kaiserslautern bescherte neben einem monatelang andauernden Hochgefühl auch eine neue Erkenntnis. Es muss nicht zwangsläufig so sein, dass die Eintracht in der letzten Sekunde immer alles vergeigt. Sie kann auch im letzten Moment gewinnen. Der Song von Stepi und den Straßenjungs, in den Monaten vor Rostock aufgenommen, erhielt mit sieben Jahren Verspätung seine Bestätigung. Wie sang Stepi im Frühjahr 1992: „ ... verliere nicht den Mut, denn noch ist das Spiel nicht vorbei; ja noch ist die Saison nicht vorbei ... wer feiert feste, und wer lacht am beste, der der zuletzt lacht, Eintracht". Letztlich wurde der nicht mehr für möglich gehaltene Klassenerhalt 1999 gefeiert wie eine Meisterschaft. Die Eintracht feierte feste und lachte als letzte. Wenn ich heute zurückblicke, kann ich mir nicht vorstellen, was 1992 in Rostock hätte schöner, emotionaler, ergreifender und glückseliger sein sollen als das, was ich am 29. Mai 1999 im Waldstadion erlebte. Aber trotzdem fehlte etwas. Denn nach dem traumhaften 5:1 über den 1. FC Kaiserslautern erschien halt nun einmal definitiv kein greiser DFB-Funktionär auf der Haupttribüne, der umständlich an seinem riesigen schwarzen Lederkoffer rumdoktorte, um kurze Zeit später dem ungeduldig wartenden Fjörtoft den Lohn für die lange Saison in Form eines riesigen silbernen Tellers in die Hand zu drücken.

Im Endeffekt war beides für die Füße. In Rostock habe ich in meiner Funktion als Eintracht-Fanatiker an Glück und Erfolg schnuppern dürfen und bin tief abgestürzt. Gegen Kaiserslautern habe ich dieses Glück und den Erfolg exzessiv gefeiert. Ich schwebte danach mit tausend anderen Fans und leider auch mit unserem Präsidium wochenlang im siebten Himmel und habe in weiter Ferne schon wieder so etwas wie eine Meisterschale am Horizont aufziehen gesehen. Am Ende bin ich erneut abgestürzt, auch wenn der Crash sich diesmal lange vorher ankündigte und deshalb nicht so weh tat wie der sieben Jahre zuvor.

Mittlerweile bin ich, was die Eintracht betrifft, vollkommen desillusioniert. An eine mögliche Meisterschaft glaube ich längst nicht mehr. Der 16. Mai 1992 bleibt weiterhin als prägendes Erlebnis in meinem Kopf. Und er kehrt immer wieder zurück. Vor allem gegen Ende einer jeden Saison, wenn es darum geht, den neuen Deutschen Meister zu küren. Seitdem die Eintracht nichts mehr mit Meisterehren zu tun hat, hoffe ich auf den FC Bayern. Ich freue mich, wenn engagierte Mannschaften in der Nachspielzeit den sicher geglaubten Titel doch noch an die Bayern verlieren. Die Bayern waren schon so oft Meister und können mit der Schale längst nichts mehr anfangen. Sie können den Titel ja meist nicht einmal richtig feiern. Weil sie sich einen Tag später schon wieder konzentrieren müssen. Für das Endspiel im Galaxiencup. Aber die unterlegenen Mannschaften, die müssen leiden wie wir damals. Das macht mir Freude. Und das so lange, bis wir den Titel vielleicht irgendwann doch mal ... Schluss!

ANZEIGE

„Willst Du Bier mit Schaum,
komm zu uns in´n Tannenbaum"

Toilettenspruch, Herrenklo links

Tannenbaum
Bockenheim

Jordanstr., Ecke Homburger, 60486 Frankfurt, Tel. 069-77 44 94

Ihr Partner für

- **Internet-Lösungen**
- **Digitale Dienstleistungen**
- **Dokumenten-Management-Systeme**
- Neue Medien
- Consulting
- Hard- und Software
- Schulungen

fantasticweb new media GmbH
Eschersheimer Landstr. 275
D-60320 Frankfurt am Main

Tel.: +49 - 69 - 95 63 08 49
Fax: +49 - 69 - 95 63 08 52
info@fantasticweb.de
http://www.fantasticweb.de

DIE FANS

Rainer Jourdan, 51 Jahre alt, seit 1975 Sportredakteur bei der "Frankfurter Neuen Presse" mit Schwerpunkt Fußball und bis vor zwei Jahren Eishockey. Sein erstes Spiel als Zuschauer im Waldstadion: im Juni 1959 das Endrunden-Spiel um die deutsche Meisterschaft Kickers Offenbach–Tasmania 1900 (die Kickers gewannen nach einem 0:2-Rückstand bis zur 85. Minute noch 3:2, was ihn schwer beeindruckt, aber glücklicherweise nicht verdorben hat). Eintrachtfan seit 1959 ohne Unterbrechung bis heute (trotz allem). Und – ein Trostpflaster kann doch recht groß sein – seit 1968 Fan (nicht nur vor dem TV-Gerät) von Manchester United.

Oh Eintracht, where did it all go wrong?
Wann geht die Sonne Mitte Mai bei uns auf? Egal, aber es war etwa sechs Uhr, als unser damaliger Fotograf Peter Müller, der am Steuer saß, und ich von Friedrichsdorf aus auf die A 5 fuhren. Wir waren noch keine drei, vier Kilometer unterwegs, da baute sich irgendwo in der Ferne dieser riesige, glutrote Feuerball knapp über der Autobahn auf. Blauer Himmel, die Sonne schrie uns in all ihrer Pracht entgegen, und da war mir klar: Das ist unser Tag. Die Eintracht wird zum zweiten Mal in ihrer Geschichte deutscher Meister. Ich zähle (gerade noch) zu jener einst glückseligen Eintrachtfan-Generation, die sich an den ersten und für alle Zeiten (?) einzigen Salatschüssel-Triumph erinnern kann. Ich war damals, im Juni 1959, acht Jahre alt, das Interesse am Fußball war gerade geweckt und vor dem Fernseher in der Vereins-Gaststätte von Rot-Weiß Walldorf erlebte ich mit, wie meine ersten Helden, Sztani, Pfaff, Kreß und Co., die Offenbacher Kickers (yeah!) im Berliner Finale mit 5:3 nach Verlängerung besiegten. Und was sollte nun, 33 Jahre später, an diesem 16. Mai 1992, noch schief gehen? Ein Sieg bei Hansa Rostock, der schon so gut wie abgestiegen war, müsste doch zu schaffen sein. Bei all ihren Diva-Attitüden, ihrer oft unerklärlichen Wankelmütigkeit – aber die Endspiele, und ein solches war es ja quasi in Rostock, hatte die Eintracht doch fast immer gewonnen. 1959 eben, dann im Uefa-Pokal gegen Mönchengladbach, im DFB-Pokal sogar viermal gegen den HSV, gegen Duisburg, gegen den VfB Stuttgart und gegen den VfL Bochum. Nein, wir würden in diesem Dreikampf mit dem VfB und Borussia Dortmund nicht rechnen müssen, ein Sieg und die Mega-Party könnte beginnen. Was ist vom Tag und Ort der geplatzten Illusionen in der Erinnerung haften geblieben? Ohne in den Archiven gewühlt zu haben, sind auch zehn Jahre danach ein paar Momente tief eingefressen, wohl für immer. Das schier endlose Mitzittern auf der maroden Hansa-Haupttribüne, denn da das Spiel samstags war, hatte unser schreibendes Dreier-Gespann von der „Frankfurter Neuen Presse" keinen direkten Arbeitsdruck. Der sollte am nächsten Tag, zurück in der Redaktion nach langer Jam mental-Rückfahrt und wenig Schlaf, quälend genug sein. Vor dem geistigen Auge sehe ich noch Axel Kruse hochsteigen, sein Kopfballtor zum 1:1 bescherte wie der Hoffnung. Und dann diese zwei Szenen, die niemals verblassen. Der Weitschuss von Edgar Schmitt an den Pfosten, es wäre das 2:1 gewesen. Und natürlich das „tausendprozentige" Strafraum-Foul von Stefan Böger (ein Durchschnittskicker, dessen Name man normalerweise glatt schon vergessen hätte) an Ralf Weber. Ein glasklareres Foul, das keinen Elfmeter nach sich zog, hat es wohl zuvor und danach nie mehr gegeben. Ich sehe das Gesicht von Schiedsrichter Alfons Berg, später in den Katakomben, heute

DAS ROSTOCK-TRAUMA

Lothar Sippel „diskutiert" mit Alfons Berg.

Schafft es die Borussia diesmal, erstmals in der Bundesliga Meister zu werden? Vor drei Jahren fehlten ihr fünf Minuten. Damals, im Mai 1992, war auch die Eintracht dicht dran. Und nicht wenige Frankfurter Fans werden sich heuer an jenen Samstag in Rostock erinnern haben – als nämlich der Duisburger Böger mit seiner Intervention bei Schiedsrichter Aust Sammer vor einer Gelben Karte bewahrte.

Jener Böger, der als Rostocker damals den Frankfurter Weber elfmeterreif foulte. Ja, wäre er doch damals auch zum Schiedsrichter gelaufen...

Rainer Jourdan

Vergangenheitsbewältigung I: Mai 1995, FNP

noch vor mir. Der Mann aus Konz war totenbleich, nachdem er jene Szene nochmal am Fernseher verfolgt hatte. Er stand zu seinem Fehler, wusste, dass er zum Zünglein an der Meisterschafts-Waage geworden war, und dies nagte an ihm. Alfons Berg ist im Zusammenhang mit Rostock noch das einzige Bindeglied zwischen damals und heute geblieben, denn immer, wenn ich ihn heute irgendwo pfeifen sehe, ist der 16. Mai 1992 automatisch präsent. Und wer Berg sagt, muss auch Weber sagen. Der wie waidwund herumtobende Ralf, der sich in diesem Spiel aufgeopfert hatte wie kein anderer Eintrachtler, sein Tritt in eine Kamera – Bilder mit Ewigkeitswert. Wohl auch, weil hier eine Leidenschaft eines heimischen Bubs explodierte, die man bei der aktuellen Schrotttruppe so schmerzlich vermisst. Wen interessiert es schon noch ernsthaft, dass sie sich heute im Training bekriegen statt im Spiel die Fetzen fliegen zu lassen? Das 2:1 für Rostock in der Nachspielzeit war eigentlich nur noch eine Randnotiz, denn es waren eh nur noch Sekunden zu spielen. Die Verzweiflung war schon auf dem besten Weg, einer lähmenden und lang andauernden Enttäuschung Platz zu machen. Was mich in den Minuten danach etwas aufbaute, und schließlich ging's ja jetzt an die Arbeit (Interviews), was zum „Zusammenreißen" zwang: wie Dragoslav Stepanović den Keulenschlag verkraftete, wenigstens äußerlich, war aller Ehren wert. Sein Motto „Lebbe geht weider", das ja erst vier Jahre später, nach dem ersten Bundesliga-Abstieg, berühmt werden sollte, hatte auch bei der Rostocker Pressekonferenz schon Bestand. Stepi gratulierte Hansa, obwohl deren Abstieg nicht zu vermeiden war, lobte seine Mannschaft und die Eintrachtfans und versprühte schon wieder so etwas wie Zukunfts-Optimismus. Kein verbittertes Nachkarten, keine Aggression Richtung Alfons Berg – Stepis Verhalten in der Stunde des größten Frusts hatte einfach Stil. Wenn man sich da einen Uli Hoeneß in dieser Situation vorgestellt hätte ... Apropos Vorstellung:

Kriegt ihr Eintrachtfans noch alle Frankfurter Namen von Rostock zusammen? Ich hatte meine Probleme, obwohl mir zum Beispiel bis heute noch die Stammformation im 4-2-4-System unter Elek Schwartz aus der Saison 1966/1967 geläufig ist. Mein schottischer Freund Martin, der 1991 nach Frankfurt zog und sich sofort in die Eintracht verliebte (der FC Aberdeen ist sein „home club"), hat mich vor ein paar Wochen, bei der Fahrt zum Spiel nach Aachen, echt überrascht. Die anderen zwölf Spieler (inklusive der eingewechselten Schmitt und Sippel) hätte ich wohl noch nennen können, aber Frank Möller? Nein, der musste längst ins Unterbewusstsein abgetaucht sein. Am Beispiel der jüngsten Zehnjahres-Entwicklung der Eintracht lässt sich für ihre Fans spielend leicht nachweisen, was es mit der Relativitäts-Theorie auf sich hat. Hätte man uns unmittelbar nach Rostock eingefroren und dieser Tage wieder zum Leben erweckt, wir wären sofort wieder in die Kühlbox gesprungen. Um die Meisterschaft spielen, an der Champions League schnuppern, selbst an den Uefa-Cup-

Frankfurt (RJ). – Hansa Rostock. Ein auf ewig negativ besetztes Reizwort für Eintracht Frankfurt und ihre Fans. Was weniger mit Hansa als mit jenen Versäumnissen der Eintracht selbst und eines gewissen Schiedsrichters zu tun hatte – damals, im Mai 1992. Die Erinnerungen kehren zurück, der Pfostenschuß von Edgar Schmitt, der verweigerte Elfmeter nach einem glasklaren Foul an Ralf Weber, das Zerplatzen des ach so nah vor der Erfüllung stehenden Meister-Traums in den letzten Minuten einer Saison, in der der Eintracht wochenlang „Fußball aus dem Jahr 2000" bescheinigt wurde. Schnitt. Schöne Träume am Riederwald sind knapp dreieinhalb

Vergangenheitsbewaltigung 2: Oktober 1995, FNP

Plätzen kratzen – das ist heute die pure Utopie. Und die wenigsten von uns werden sich trösten können wie einst das nordirische Dribbel-Genie George Best von Manchester United. Als das erste Pop-Idol des Fußballs sportlich auf dem absteigenden Ast war (der Alkohol und die Frauen hatten ihm zugesetzt), für das weibliche Geschlecht aber immer noch attraktiv genug, nächtigte er mit einer „Miss World" in der Suite eines Fünf-Sterne-Hotels. Am nächsten Morgen betrat ein Butler das Gemach des Paars, servierte Champagner und Kaviar und fragte beiläufig: „Oh George, where did it all go wrong?" Ja, und warum ging's bei der Eintracht so stetig bergab? Keine Angst, hier folgt keine Chronologie der Höllenfahrt seit 1992. All die unsäglichen Kapitel, Skandale und Geschichten rund um den Adler, der zum Spatz geschrumpft ist, sind aus den Tageszeitungen bekannt genug. Die Analyse des Zerfalls ist eigentlich recht einfach und kann kurz und knapp abgehandelt werden. An der Vereins-, Management- oder AG-Spitze fehlten in schlechter Regelmäßigkeit einflussreiche, innovative, seriöse und fachkundige Köpfe, wie sie die Bayern (Hoeneß, Rummenigge, Beckenbauer), der BVB (Niebaum, Meier, Zorc) oder Bayer (Calmund, Holzhäuser) besitzen. Es ist fast pervers, dass in der Stadt des großen Geldes die Eintracht heute nur noch eine arme Kirchenmaus ist. Aber das hat der Verein/die AG selbst verschuldet. Hinzu kommt der unsägliche Verschleiß an Trainern, der in den letzten zehn Jahren einfach keinen harmonischen Mannschafts-Aufbau mehr zulassen konnte. Interne Grabenkriege, Misswirtschaft, Fehlentscheidungen haben potenzielle Geldgeber abgeschreckt, selbst die Octagon-Millionen waren ganz schnell verschleudert. Im vergangenen Jahrzehnt, in dem das „big money" aus diversen Quellen die Bundesliga so prägte wie nie zuvor, hat die Eintracht den Absprung beziehungsweise die Umwandlung in ein modernes Wirtschafts-Unternehmen verkorkst. So kam es wie es kommen musste: Hießen Frankfurts Größen einst Grabowski, Hölzenbein oder Nickel beziehungsweise eine Generation später Möller, Bein oder Yeboah, so heißen sie heute Castor, Pollux, Messeturm oder Main-Tower. Und die Zukunft? Die ist eigentlich schon seit 1996 eingeläutet worden: Der Weg zur ganz normalen Zweitliga-Mannschaft ist leider recht gut asphaltiert. Die Eintracht ist in ihrer Bedeutung und in ihren Möglichkeiten mittlerweile derart degradiert, dass es bestenfalls noch zu einem Jojo-Klub a la VfL-Bochum reichen könnte. Bei der immer weiter auseinanderklaffenden Schere zwischen Hochfinanz-Vereinen und jenen Klubs, die jeden Euro herum drehen müssen (und zu denen zählt ja die Eintracht), sehe ich keine Chance mehr zu einer Rückkehr in die obere Bundesliga-Hälfte, wo sich die Eintracht bis Mitte der 90er Jahre in aller Regel tummelte. Und selbst wenn sie demnächst mal einen Spielerkreis zusammen hätte, zu dem zwei, drei überragende Talente gehörten, werden die in Zukunft garantiert nach ein paar Monaten sofort weggekauft. Das Stichwort Christoph Preuß sollte genügen. Und wie soll dann wieder eine Mannschaft heranwachsen, die zu erstklassigen Hoffnungen Anlass gibt? Und hat die Eintracht inzwischen nicht sämtlichen Kredit bei möglichen kapitalkräftigen Geldgebern verspielt? Wäre alles anders gekommen, wenn es die Eintracht damals in Rostock geschafft hätte? Es ist müßig darüber zu spekulieren, aber ich glaube eher nicht. Es wäre wahrscheinlich eine kurze Phase des Größenwahns gefolgt, allerdings nicht gedeckt von der notwendigen Substanz. Sollte die Eintracht wirklich noch mal den Sprung nach oben schaffen, habe ich nur einen Wunsch, auch wenn mich manche für verrückt erklären: Bitte keine vermeintlich glorreichen Siege mehr gegen die Bayern, auch wenn das ganz früher immer so toll war. Die haben uns in beiden Abstiegs-Spielzeiten das Genick gebrochen – schaut euch nur mal die Eintracht-Statistiken nach dem 4:1 im Herbst 1995 und dem 2:1 in München im November 2000 an. Zu viel Euphorie tat der Eintracht nie gut. Ob das neue Stadion einen Schub verleiht? Wer weiß das schon. Bis 2005 dauert's noch eine Weile. Da bleibt nur Daumen drücken, dass uns „das größte Cabrio der Welt" (Bürgermeister Vandreike) wenigstens keinen Regionalliga-Kick zumutet.

DIE SCHULDIGEN

8

Beweisstück I: In schwarz-roten Trikots setzte es im Endspiel 1932 eine 0:2-Niederlage gegen Bayern München.

Selbstverständlich kann das ganze Unglück von Rostock nicht an uns selbst gelegen haben. Es muss andere Gründe geben, die für unser Trauma verantwortlich sind. Wir haben in den vergangenen Wochen und Monaten aufwändig recherchiert, eine Vielzahl von Theorien zusammengetragen und die plausibelsten für euch auf den kommenden Seiten niedergeschrieben.

Die schwarz-roten Eintrachttrikots
Den Nostalgikern unter den Eintrachtfans schwante beim Einlauf der Mannschaften im Ostseestadion bereits Böses. Wieso war es der Eintracht nicht gelungen, das letzte Saisonspiel in den weißen Ausweichtrikots zu bestreiten? Sicher, die erste Garnitur der Hansatrikots bestand aus blau-weißen Leibchen. Trotzdem hätte nichts unversucht bleiben dürfen, auf die Hansaverantwortlichen Einfluss zu nehmen, dass die Eintracht nicht in Schwarz-Rot antritt.
Denn ein Blick in die Geschichtsbücher hätte schnell klar gemacht, dass man in Schwarz-Rot keinen Blumentopf gewinnen würde.
Die Eintracht stand in ihrer langen und ruhmreichen Geschichte in sieben bedeutungsvollen Endspielen. Beginnen wir 1932. Im Endspiel um die Deutsche Meisterschaft 1932 verlor man gegen die Bayern – in rot-schwarz gestreiften Trikots. Der Sieg in der Meisterschaft 1959 wurde hingegen in weißen Trikots mit rotem Knopfsaum errungen. Ein Jahr später unterlag die Eintracht in dem zum besten Endspiel der Europapokalgeschichte gewählten Spiel gegen Real Madrid mit 3:7. Die Spieler liefen damals in roten Trikots auf. 1964 stand die Eintracht zum ersten Mal im Endspiel um den DFB-Pokal – und trat wieder in rot-schwarzen Trikots auf. Das Spiel, in das die Eintracht als Favorit ging, wurde mit 0:2 verloren. Nach dieser Niederlage hatte man in Frankfurt anscheinend aus den Fehlern der Vergangenheit gelernt. Die folgenden Pokalendspiele wurden allesamt in weißen Trikots bestritten. 1974, 1975, 1981 und 1988 gewann die Eintracht den DFB-Pokal. Leider ignorierte man jedoch in der geschichtsvergessenen 92er Saison selbst deutlichste

Beweisstück 2: Ganz in Weiß wurden die Kickers 1959 besiegt.

Signale. Beim Spiel in Nürnberg trafen sich beide Mannschaften zum Einlaufen im Kabinengang – mit jeweils weißen Trikots. Was also tun? Der DFB schreibt vor, dass in einem solchen Fall die Gastmannschaft die Trikots zu wechseln habe. Da aber offensichtlich ein sich der Historie und der Bedeutung der weißen Trikots bewusster (unbekannter) Mitarbeiter der Eintracht vorsorglich keine Ersatzleibchen eingepackt hatte, musste – nach einem abschließenden Machtwort des Schiedsrichters – der Club seine schwarz-roten Ersatztrikots überstreifen. Endergebnis: 3:1 für die Adlerträger!

Dass die Eintracht am unglückseligen 16. Mai 1992 im Kampf um die Meisterschaft von vornherein keine Chance hatte, versteht sich jetzt wohl von selbst. Und es gebietet die Hochachtung vor der langjährigen Loyalität des Zeugwart Anton Hübler, hier nicht die Frage seiner Verantwortung für Rostock 1992 aufzuwerfen.

Die Wiedervereinigung

Der 9. November 1989 war für viele Deutsche ein großer Tag. Auch viele Eintrachtfans hüben wie drüben wussten diese historische Stunde angemessen zu feiern. Doch wir fragen uns, hätten sie dies auch getan, wenn sie die Auswirkungen der Wiedervereinigung auf den ausbleibenden sportlichen Erfolg der Eintracht erahnt hätten? Wir versuchen an dieser Stelle, die Schuldigen und ihre Hintermänner einzukreisen:

Wie uns die Geschichtsbücher heute lehren, gilt Helmut Kohl auf westdeutscher Seite als Vater der Wiedervereinigung. Er kommt ursprünglich, woraus er nie einen Hehl gemacht hat, – Stichwort Saumagen – aus Oggersheim. Dieser bis zum Zeitpunkt der Kohlschen Kanzlerschaft zu Recht völlig unbedeutende Ort liegt bekanntlich in Rheinland-Pfalz, jenem unglückseligen Bundesland, aus dem alle (!) drei Schiedsrichter der entscheidenden Spiele des letzten Bundesligaspieltages der Saison 1991/1992 entstammen. Darüber hinaus soll Helmut Kohl einer der poli-

Beweisstück 3: Jubelnde VfB Stuttgartfans auf der Berliner Mauer.

tischen Förderer von Gerhard Mayer-Vorfelder gewesen sein, der zum damaligen Zeitpunkt nicht nur Ligaausschussvorsitzender des Deutschen Fußball Bundes war, sondern auch noch Präsident des VfB Stuttgart. Jener Mannschaft also, die bis heute nicht weiß, wie sie 1992 Meister werden konnte.

Als Folge der Wiedervereinigung musste zwangsläufig der DDR-Fußball mit dem BRD-Fußball zusammengeführt werden. In der Saison 1990/1991 spielten beide Fußballverbände zum letzten Mal eigene Meister aus. Letzter DDR-Meister wurde, obwohl der Staat ironischerweise schon nicht mehr existierte, Hansa Rostock. In der BRD, wie Deutschland damals noch genannt wurde, errang der 1.FC Kaiserslautern die Meisterschaft. In der darauf folgenden Saison wurden beide Verbände fast paritätisch zusammengeführt, so dass 18 westdeutsche und zwei ostdeutsche Teams den ersten gesamtdeutschen Meister nach der Wiedervereinigung ausspielten.

Womöglich wird sich der geneigte Leser oder die geneigte Leserin an dieser Stelle fragen, was das bis hierher alles soll. Die Wiedervereinigung kann doch gar nicht schuld sein am Desaster der Frankfurter Eintracht. Aber abgesehen von der offensichtlichen Tatsache, dass es ohne die Wiedervereinigung sicher kein Spiel Hansa Rostock gegen Eintracht Frankfurt gegeben hätte, ist weiter festzuhalten: Die Eintracht, seit jeher internationalistisch ausgerichtet und solidarisch gegenüber den Schwachen und Verhärmten, verlor sowohl gegen Dynamo Dresden als auch gegen Hansa Rostock jeweils ein Spiel – praktizierte Aufbauhilfe Ost.

Ein weiteres Indiz in der Beweiskette gegen die Wiedervereinigung: Seit 1963 existiert die Bundesliga und seit 1965 spielen konstant 18 Mannschaften den Deutschen Meister aus, der dementsprechend jeweils am 34. und letzten Spieltag feststeht. An diesen Rhythmus hatten sich Spieler, Fans und Medien gewöhnt, sogar die Urlaubsplanungen wurden an diesen Bundesliga-

rhythmus angelehnt. Es steht zu vermuten, dass gerade ein Traditionsverein wie die Eintracht Probleme mit der gravierenden zahlenmäßigen Veränderung bekommen würde. Für die nun sicher aufmerksam und neugierig gewordene Leserschaft ist es zu diesem Zeitpunkt sicher keine Überraschung mehr, wenn wir den Tabellenführer nach dem 34. Spieltag präsentieren: Es war – natürlich – unsere Eintracht, die mit Abstand beste Mannschaft der Saison.
Na, Wiedervereinigung, da guckst du – überführt auf Grund einer erdrückenden Indizienlage nennt man das wohl, oder?

Der DFB

Es ist natürlich einfach, den DFB als einen, vielleicht sogar den Hauptschuldigen des Debakels in Rostock zu belasten. Die vielen Indizien, die wir auf den folgenden Seiten zusammengetragen haben, verfestigen den Verdacht der vom DFB gestohlenen Meisterschaft. Das im Mai 1992 mit dem VfB Stuttgart ausgerechnet der Verein zum Deutschen Meister gekürt wurde, der in Person seines Präsidenten die besten Connections zum DFB hatte, gibt unseren Zweifeln an der Rechtmäßigkeit der Meisterschaftsentscheidung zusätzliche Nahrung.

Indiz 1: Die Meisterschale

Kurz nachdem die Saison 1991/1992 abgepfiffen war und man sich in Leverkusen der Meisterehrung des VfB Stuttgart zuwandte, wurde der Verdacht für viele aufmerksame Eintracht-Fans zur Gewissheit. Während die große Mehrheit Fußball-Deutschlands der Eintracht die Meisterschaft gönnte und auch der BVB damals noch einige Sympathien außerhalb der gelb-schwarzen Welt genoss, gab es selbst in und um Stuttgart nur wenige, die dem VfB und seinem hypernervösen Trainer Daum die Meisterschaft wünschten. Offensichtlich war aber hinter den Kulissen des DFB kräftig an der schwäbischen Meisterschaft gearbeitet worden. Während im Rostocker Ostseestadion für die mitgereisten Fans eine Welt zusammenbrach, der Frankfurter Römerberg und unzählige Wohnzimmer in einem Meer voller Tränen versanken, lupfte im Leverkusener Ulrich Haberland-Stadion Guido Buchwald keine Kopie, sondern das Original der Meisterschale in die Höhe. Selbst der größte Naivling wird an dieser Stelle zugeben müssen, hier stinkt was! Warum war das Original der Meisterschale in Leverkusen und nicht in Rostock, wo der Tabellenführer der Liga antrat?
Sportliche Gründe können keine Rolle gespielt haben. Sympathiegründe, wie oben aufgeführt, auch nicht. Was also sonst? War es nicht so, dass Gerhard Mayer-Vorfelder nicht nur Präsident des VfB war, sondern auch noch Vorsitzender der Liga und darüber hinaus bekannt als – positiv formuliert – gewitzter Politiker? Wusste da jemand vielleicht schon im Vorfeld mehr über den Ausgang der Spiele, als so mancher andere?

Beweisstück 4: Falsche Meisterschale in Rostock.

Indiz 2: Die Schiedsrichterentscheidungen

Keine Angst, an dieser Stelle wird keine genaue Auflistung aller Fehlentscheidungen dieser Spielzeit zu Ungunsten unserer Eintracht folgen. Sie können uns glauben, es waren viel zu viele! Der Standardspruch aller Schiedsrichterbeobachter und DFB-Günstlinge zur Beruhigung in solchen Fällen lautet bekanntermaßen, dass sich die Ungerechtigkeiten im Laufe einer Saison immer wieder ausgleichen. Dieses Zitat, auch in abgewandelter Form, löst noch heute bei der Mehrzahl der Eintrachtanhänger mindestens Sodbrennen und Magenschmerzen aus.

Und nur weil uns die finanziellen und zeitlichen Möglichkeiten fehlen, dies über eine Auswertung aller verfügbaren Statistiken genau zu belegen, behaupten wir trotzdem: Noch niemals in der bald 40-jährigen Bundesligageschichte hat eine Mannschaft im Laufe der Saison keinen einzigen Elfmeter zugesprochen bekommen. Selbst Tasmania Berlin, in der Saison 1965/1966 mit kläglichen 8 Punkten und 108 Gegentoren der schlechteste Absteiger aller Zeiten, konnte sich bestimmt mindestens einmal den Ball auf dem ominösen Punkt zurecht legen. Und obwohl die SGE 1991/1992 mit 76 Treffern die torgefährlichste (und auch mit Abstand fairste) Mannschaft stellte, blieb aus unerklärlichen Gründen bei mindestens fünf „100-prozentigen" Elfmetern die Pfeife der Männer in Schwarz stumm.

Indiz 3: Der neue Bundesligaskandal

Die „Bild am Sonntag" wusste es schon am Tag danach: Anstatt „Stuttgart ist Meister" titelte die Sonntagsausgabe des Boulevardblattes groß und fett: „Frankfurt betrogen". Der unglaubliche Vorgang, den klarsten Elfmeter der Bundesligageschichte nicht bekommen zu haben, führte bei den verantwortlichen Redakteuren offensichtlich zwangsläufig zur naheliegenden Einschätzung, es könne sich um einen Betrug gehandelt haben. War die Überschrift in der „Bild am Sonntag" sicher noch den Emotionen der vortäglichen sportlichen Entscheidung geschuldet, so wurde die deutsche Öffentlichkeit Mitte der Woche durch eine erneute Headline der Bild aufgeschreckt. Am 20. Mai, also gerade mal vier Tage nach dem grausigen Samstag, schrie es der Leserschaft von

Beweisstück 5: Die Bildzeitung vom 20. Mai 1992.

DIE SCHULDIGEN

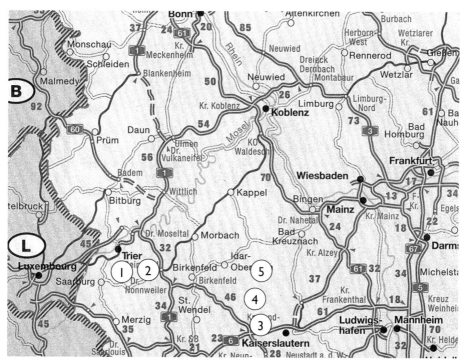

Beweisstück 6: Das Zentrum der Verschwörung. 1 Konz (Berg), 2 Osburg (Dellwing), 3 Kaiserslautern (Merk), 4 Heiligenmoschel (Adam), 5 Meisenheim (Krankenhaus).

den Titelseiten laut und deutlich entgegen: „Schiri-Verschwörung gegen Frankfurt". Am 21.Mai 1992 titelte die Deutschlandausgabe „Bundesliga-Skandal – So wurde die Eintracht betrogen" fett auf der ersten Seite, nachdem mindestens drei Redakteure Tag und Nacht intensiv recherchiert hatten. Diese drei förderten einen unglaublichen Verdacht zu Tage.
Die Geschichte begann im Grunde im März des Jahres 1992, kurz nachdem die Eintracht in weißen Trikots hochverdient den Club im Frankenstadion 3:1 besiegt hatte. Zum besagten Zeitpunkt trug sich nämlich eine bedeutsame Begegnung zweier Herren im Landeskrankenhaus zu Meisenheim/Pfalz zu. Wolfgang Adam, seines Zeichens Schiedsrichter in der damaligen dritten Liga und Linienrichter in der Bundesliga, traf auf seinen ebenso kränkelnden Leidensgenossen Günther Spindler, der sich zu jener Zeit im gleichen Krankenhaus ebenfalls einer Behandlung unterziehen musste. Zu beider Glück stellte sich schnell eine Übereinstimmung der jeweiligen Interessen heraus und so fachsimpelten die sportinteressierten und genesungsbedürftigen Herren vornehmlich über Fußball und die spannende, sich dem Ende zuneigende Bundesligasaison.
Nach dem überlegen herausgespielten 3:1 der Frankfurter in Nürnberg sprach, so ist es in einer eidesstattlichen und notariell beglaubigten Erklärung des Wolfgang Spindler niedergelegt, eben jener den Herrn Adam mit den Worten an: „Na, hast du den kommenden Meister gesehen?" Schiedsrichter Adam antwortete daraufhin: „Eintracht Frankfurt kann kein Deutscher Meister werden, dafür sorgen wir Bundesliga-Schiedsrichter! Wir haben mit der Eintracht so viele negative Erfahrungen gemacht in Sachen Geschenke und Schiedsrichterbetreuung".

Diesen Spruch als nicht ernst zu nehmendes, wichtigtuerisches Schiedsrichtergeschwätz einschätzend, widmete sich Günther Spindler wieder seiner Genesung. Als er jedoch die beiden Elfmeter-Entscheidungen der Eintracht-Spiele gegen Bremen und Rostock im Fernsehen und gleichzeitig den geschenkten Elfer in Leverkusen verfolgte, bekamen die zuvor als wichtigtuerisch eingeschätzten Worte von Wolfgang Adam eine neue Bedeutung. Spindler, getrieben von einem natürlichen Gerechtigkeitsempfinden, wandte sich an die Öffentlichkeit und an jene Zeitung (Bild hilft!), von dem er sich die größte Unterstützung zur Aufklärung dieses Skandals erhoffte.

Und das bekannteste Organ des Springer-Konzerns beförderte weitere interessante Ungereimtheiten zu Tage. So wurde in der Woche vor dem letzten Spieltag aus bisher unerfindlichen Gründen die schon lange feststehende Schiedsrichteransetzung zweier zentraler Spiele geändert. In Rostock wurde der Gelsenkirchener Krug abgesetzt und in Leverkusen der Katlenburger (bei Göttingen) Kasper.

So pfiff am Ende ein Südwest-Trio die entscheidenden Spiele. Berg aus Konz leitete die Begegnung Rostock gegen Frankfurt, Dellwing aus Osburg das Spiel Leverkusen gegen Stuttgart und Schiri Merk aus Kaiserslautern, gemeinsam mit Linienrichter Adam aus Heiligenmoschel, das Dortmunder Spiel in Duisburg. Ein Blick auf die Landkarte von Rheinland-Pfalz verrät, wie nahe diese vier Orte beieinander liegen. Beste Möglichkeiten also, um sich im Gasthaus „Zum Schwanen" beim monatlichen Schiedsrichterstammtisch gemeinsam über die Eintracht zu beschweren und um auf dumme Gedanken zu kommen. Immerhin war es Dellwing, der am letzten Spieltag den Stuttgartern einen völlig unberechtigten Elfer in Leverkusen schenkte, während Berg in Rostock ...

Übrigens eben jener Dellwing, der Ralf Weber beim Spiel gegen den VfB Stuttgart einen klaren Elfmeter verweigerte.

Nach Veröffentlichung der brisanten Details „ermittelte" nicht nur „Bild", sondern auch der DFB-Kontrollausschuss unter Hans Kindermann. Aber auf einmal konnte sich Schiedsrichter Wolfgang Adam nicht mehr daran erinnern, mit Spindler jemals über Fußball gesprochen zu haben.

Das einzige, was er über seinen Rechtsanwalt noch bereit war zu bestätigen, war sein Aufenthalt im besagten Krankenhaus. Außerdem machte er deutlich, so die Zeitungen, „dass er keinerlei persönlichen Kontakt zu dem Patienten (Spindler) gehabt und ihn nur durch die Veröffentlichung des Fotos als Mitpatienten wieder erkannt habe".

Merkwürdig nur, dass die „Bild" anschließend einen weiteren Zeugen aus dem Krankenhaus präsentierte. J. Hilgert, der Zimmergenosse von Spindler, bestätigte das besagte Gespräch zwischen Adam und Spindler und dessen Inhalt. „Ich habe das Gespräch mitbekommen und kann alles bestätigen. Dazu stehe ich", wird Hilgert in der „Bild" zitiert.

Besonders merkwürdig erscheint im Nachhinein das plötzliche Erlöschen des Bild-Interesses, kurz nachdem Adam über den DFB das angebliche Gespräch dementierte. Denn auf einmal stellte sowohl der DFB-Kontrollausschuss als auch die Bild, wie miteinander abgesprochen, die Ermittlungen ein.

So bietet dieser nie richtig aufgeklärte Fall viel Stoff für verschiedene Theorien des Betrugs. Tja, und uns fällt hier kein geeigneter Schluss ein. Eigentlich wollten wir schön ironisch und mit Abstand über „den neuen Bundesligaskandal" berichten und die „Bild" mit ihren Analogien zum großen Bundesligaskandal der frühen 70er ein wenig vorführen. Aber immer wieder ertappen wir uns bei der Frage, die sich nur Verschwörungstheoretiker wie wir stellen können: „Ist so etwas vielleicht doch möglich?"

Titanic – Lynchjustiz des Monats

aus: Titanic 6/92

Klaus Gerster
Nur der Vollständigkeit halber: Selbstverständlich war auch Klaus Gerster wegen permanenten Unruhestiftung schuld am Debakel von Rostock.

Konz
Natürlich ist er noch heute eine, wenn nicht gar die zentrale Gestalt, wenn es um die Ereignisse von Rostock geht: Die aus Frankfurter Sicht folgenreichste Fehlentscheidung der Fußballhistorie wird für immer mit seinem Namen verbunden bleiben. In der 76. Spielminute verweigerte er uns den vielleicht klarsten Elfmeter der Bundesligageschichte. Noch heute stehen wir fassungslos vor dem Schirm, wenn wir uns das Spiel zum 100. Mal auf Video anschauen. Ebenso klar war, dass wir – zehn Jahre danach – versuchen würden, ein Gespräch mit ihm zu führen. Nach zehn Jahren sollten wir stark genug sein, ihm begegnen zu können, ohne dass ein Zaun uns trennt.

Den Verschwörern auf der Spur.

Wir schrieben ihm einen sehr freundlichen (ehrlich, unser Ehrenwort) Brief und baten um einen Rückruf, aber in Konz blieb alles stumm.
Der zweite Versuch war schon ein wenig schlauer eingefädelt. Ein unverdächtiger Mittelsmann, der in privatem Kontakt zu ihm steht, sollte ein gutes Wort für uns einlegen und ihm die Angst nehmen, zehn Jahre Abstand könnten doch nicht genug sein. Und die ersten Rückmeldungen aus dem Ort bei Trier stimmten uns hoffnungsfroh. Er würde sich demnächst bei uns melden, hieß es, doch auch jetzt: Nichts geschah. Auch nachdem unser Mittelsmann nochmals die Unbedenklichkeit unserer Anfrage bezeugte, er meldete sich nicht.

Gasthaus Weber in Konz.

Nun haben wir uns gedacht, wenn er sich nicht bei uns, so müssen wir uns halt bei ihm melden. Über eine neue Quelle bekamen wir seine Telefonnummer heraus, doch zu unserem Bedauern war das folgende Gespräch sehr kurz. „Ich möchte nichts darüber sagen", mehr war, außer dem kleinen Hinweis, dass ihn die Sache damals sehr beschäftigt habe, nicht zu vernehmen. „Uns auch", konnten wir ihm gerade noch zurufen, bevor die Leitung erstummte und uns ratlos zurückließ.
Was also tun? Ein Buch über das Rostock-Trauma, in dem der Auslöser aus Konz bei Trier nicht vorkommt – undenkbar. Also machten wir uns an einem grauen Donnerstag im Vorfrühling, ausgestattet mit den dafür not-

wendigen Ermittlungsutensilien, auf den Weg an die Mosel. Wir wollten bei Recherchen direkt vor Ort erfahren, wieso sich dieses einst so unschuldige Schiedsrichterdasein dermaßen hat zum Nachteil entwickeln können. Vielleicht liegen die Gründe ja tiefer. Womöglich war er nur eines der vielen Opfer des pfälzischen kleinbürgerlichen Terrors (in Reiseführern wird das dann Idyll genannt), der seinen Eingeborenen schon in frühester Kindheit die Fähigkeit zu eigenständigen und selbstbewussten Entscheidungen nimmt.
Hierauf erhofften wir uns aus Konz eine Antwort.
Nach einer Fahrt über endlose Landstraßen, vorbei am „Rhein-Main" (was für ein Witz) – Flughafen Hahn, verstummten, je näher wir unserem Ziel kamen, unsere nervösen Witzeleien. Das Ortseingangsschild stellte die erste hohe psychische Hürde dar. Sollte es uns möglich sein, hier wieder herauszukommen, ohne bleibende Schäden für unser beider noch junger und unschuldiger Leben?
Der nächste Schock ließ nicht lange auf sich warten. Auf der linken Seite der Hauptstraße lag uns zum Hohn, unscheinbar und wie selbstverständlich das Gasthaus Weber! Würden wir es schaffen, hier ein Bier zu trinken und vielleicht mit dem Wirt ein Wort über ihn wechseln können? Denn natürlich wollten wir auch herausfinden wie sie denn so sind die pfälzischen Ureinwohner und was sie denn so für eine Meinung von ihm haben, dem bekanntesten Bürger Konz'. Dafür hatten wir ein aussagekräftiges Foto präpariert, welches wir nun einem repräsentativem Querschnitt der Einwohnerschaft unter die Nase hielten. Ein erster junger Mann dementierte jeglichen persönlichen Kontakt nach Konz und mit „mit Konz will ich nichts zu tun haben", ließ er uns im Regen stehen. Hätte uns diese erste Begegnung zu denken geben sollen?
Vier ältere MitbürgerInnen wollten ihn anfangs auch nicht erkennen, aber nach unserem Hinweis ‚Bundesligaschiedsrichter' änderten sie ertappt ihre Verteidigungsstrategie: „Ach ja, das ist der Alfons, der wohnt in Niedermennig, das ist ein Guter. Nur beim Fußball, da über-

Rathaus Konz, 17 Uhr 02.

treibt er's manchmal, da ist er ein Hundertprozentiger." Wie ein Hohnlachen der Historie klangen uns diese Worte in den Ohren und wir entschieden, schnurstracks weiter zu fahren.
Weil wir Niedermennig nicht auf Anhieb fanden – spielte uns unser Unterbewusstsein einen Streich? – beschlossen wir, erst mal den Mittelpunkt von Konz in Augenschein zu nehmen. Protzig liegt das Rathaus im Stadtzentrum. Die erste Bürgerin, die wir mit Bild und Frage konfrontieren, sucht stehenden Fußes und mit den zugerufenen Worten „Ich weiß nichts" das Weite und verschwindet in der Sparkasse. Ein anderer verweigert ebenso die Aussage. Wir geben auf, verlegen den Ort der Nachforschungen nach Niedermennig. Werden wir das Kartell des Schweigens brechen können, fragen wir uns gerade in dem Moment, als wir den Sportplatz vom SV Tälchen Krettnach passieren, jenes Vereins, dessen Mitglied er ist. Der einzige Verein dieses Moseltals repräsentiert die Ortschaften Nieder- und Obermennig sowie Krettnach und spielt in der Verbandsliga. Das nächste Ziel unserer Nachforschungen war die „Mertesschänke", denn wir entschieden, die zungenlösende Funktion des Alkohols in unserem Sinne zu nutzen. Geschickt verstrickten wir den Wirt in ein unverfängliches Gespräch, bis wir schließlich zum Thema unse-

Spontanbefragung: „Kennen Sie diesen Mann?"

rer Nachforschungen kamen. „Kommt der Alfons auch ab und an mal hier vorbei und trinkt einen Dämmerschoppen?", schien der richtige Einstieg in die Befragung gewesen zu sein, denn der Wirt begann – zwar irgendwie misstrauisch, aber immerhin – zu reden. Erstens sei der A.B. nicht der bekannteste Bürger von Konz, das sei vielmehr der Karl-Hans Riehm, der ehemalige Weltrekordler im Hammerwurf, erst dann sei A. B. zu nennen. Nein, er komme kaum hier vorbei, er habe hier ja jetzt gebaut und ließe sich kaum sehen. Nein, auch 1992 nach dem Spiel habe er sich nicht hier betrunken um zu vergessen, da sei er ja schon mit seiner Familie ausgezogen gewesen, nachdem so viele Drohanrufe kamen. Selbst nach dem Urlaub hätten sie weiter im Hotel bleiben müssen. Er sei ein großer Bayernfan, was aber keiner wissen dürfe, aber nach der Saison sei mit der Pfeiferei wohl sowieso Schluß. Es stimme auch, dass er Mitglied beim SV Krettnach sei, aber woher die das Geld hätten, um die Verbandsliga zu finanzieren, das wisse hier keiner.

In der Gewissheit, mit diesen neuen und interessanten Erkenntnissen auf dem richtigen Weg zu sein, verlegten wir die Nachforschungen zurück nach Konz. Na ja, um ehrlich zu sein, trieb uns der Hunger in das Bistro Europa, eine Döner-Bude an der Hauptstraße. Auch hier blieben wir selbstverständlich am Ball. Eine Bürgerin verneinte beim Kebabbestellen jeglichen Kontakt zum Fußball, und auch neun Türken, die sich um zwei Tische versammelt hatten, bestritten vehement, jenen Mann auf unserem „Steckbrief" zu kennen. Erst nach unserem Hinweis, das sei A.B. aus K. bei T., lösten sich ihre Zungen. Und plötzlich fiel ihnen alles wieder ein, sogar, dass er mal ein Spiel gepfiffen habe zwischen ihrem Verein Efus Bosporus Konz und Eintracht Trier. Ob ihnen da was aufgefallen sei, fragten wir sofort. Nein, angeblich hätte man sich über seine Schiri-Leistung bei der 9:1 Niederlage nicht beschweren können. Aber nach unserer Frage, ob er denn einen Elfmeter gepfiffen habe, fiel es schließlich auch ihnen wie Schuppen von den Augen. Natürlich hat er auch in diesem Spiel keinen Elfmeter gegeben. Verwirrt blieben die neun Türken zurück.

Nun, gestärkt sowohl durch viele interessante Informationen wie durch die hervorragende mediterrane Kost, wagten wir uns in die Nähe der Gaststätte Weber. Eine weitere verdächtige Person musste sich in alter Kriminalistenmanier einer Spontanbefragung unterziehen, wobei insbesonders ihre Katze unsere Aufmerksamkeit auf sich zog, die beim Anblick unseres mitgebrachten Bildes überstürzt die Fensterbank verließ. Ihre ältere Herrin behauptete, wie alle Frauen zuvor, nichts zu wissen. „Geh fort, ich kenn' von dene Fußballer nur den Müller und den Beckenbauer" waren die Worte, die uns schließlich den letzten Kick gaben, die Gaststätte Weber zu betreten.

Am frühen Nachmittag waren die Plätze an der Theke schon alle belegt. Fünf Männer und eine Frau tranken sich, bedient von einer freundlichen Wirtin, gepflegt in den Abend hinein. Ab und an stand einer auf und fütterte die Geldspielmaschine. Es war, wie sich herausstellen sollte, ein illustrer Kreis.

Der frühere Nachbar, dessen Tochter angeblich gut mit der von unserem gesuchten Mann befreundet sei, meinte auf unsere Frage, ob er denn vielleicht kleinen Kindern beim Spielen den Ball wegnehme, nein, der A.B. sei ein Pfundskerl. Nachdem wir uns von diesem Schock erholt hatten, erklärten wir uns diese Charakterisierung mit der Vielzahl der Striche auf seinem Deckel und möglichen persönlichen Verquickungen, die einem neutralen Urteil im Wege gestanden haben müssen.

Wir förderten bei dieser Befragung weitere aufschlussreiche Details zu Tage. Einer sprach: „Der A.B., der lebt hier total zurückgezogen. Man sieht ihn nirgendwo, nicht in der Apotheke und auch nicht in der Kirche."

Ein weiterer der Trinkfreunde schien zufälligerweise der Pfarrer der Gemeinde gewesen zu sein, sprachen ihn doch alle Gäste mit ‚Hochwürden' an. Er war mit Abstand der Fußballsachverständigste und entpuppte sich nach

Auf Nimmerwiedersehen.

intensiverer Nachfrage als Fan von Eintracht Trier. Auch konnte er sich gut an den 16. Mai 1992 erinnern. Um uns Mut zuzusprechen und gleichzeitig die ökumenische Versöhnung nicht aus den Augen verlierend, wie es sich für einen Geistlichen gehört, sprach er beschönigend von einem schlechten Tag, den A.B. im Mai 1992 wohl gehabt habe. Auf unsere insistierende Nachfrage, ob er denn öfter mal einen schlechten Tag habe, antwortete die – bestimmt heidnische – Wirtin: „Hat der überhaupt schon mal einen guten Tag gehabt?", und sprach uns somit ganz aus dem Herzen.

Mit diesem ausgewogenen Schlussurteil der erfahrenen Wirtin im psychischen Gepäck konnten wir Konz schließlich hinter uns lassen und die Blicke wieder gen Frankfurt und in die Zukunft richten.

ZEHN JAHRE DANACH

DAS ROSTOCK-TRAUMA

Bernd Hölzenbein, 57, Spieler, Weltmeister, Vizepräsident
Ich denke oft an den Tag von Rostock. Dass wir die Meisterschaft verloren haben, war natürlich tragisch. Trotzdem war die Saison 1991/1992 sehr schön. Wir haben wenigstens an der Schale geschnuppert und waren bis zum letzten Spieltag nah dran. Verloren haben wir den Titel meiner Meinung nach nicht in Rostock, sondern im Spiel gegen den SV Werder Bremen. Natürlich habe ich mir die entscheidenden Szenen von Rostock immer wieder angeschaut. Und dann kommt man natürlich ins Grübeln. Was wäre aus der Eintracht geworden, wenn es geklappt hätte? Was wäre aus mir geworden? Wenn wir am 16. Mai 1992 gewonnen hätten, wäre danach vieles anders gelaufen. Alfons Berg bin ich übrigens nicht mehr über den Weg gelaufen. Ich habe mich aber auch nicht bemüht. Was hätte ich auch sagen sollen? Ich frage mich noch heute: Wie kann man so ein Foul nicht pfeifen?

Kosta, 38, Diplomgeologe, Eintrachtfan seit 1972
16. Mai 1992, 17 Uhr 15 Uhr: Meine Gefühlswelt am Boden, die Hoffnung zerstört ...Leere, einfach nur Leere, und eine bis dahin nicht gekannte Einsamkeit umgibt mich ...
Zehn Jahre danach ist das Unfassbare immer noch gegenwärtig als wäre es gestern gewesen. Immer wieder der Stich, der Schmerz, wenn ich in einem Spielbericht den Namen Alfons lese ... Alfons B. aus K.
Und dann die Tatsache, dass ich in Stuttgart lebe, die Erinnerung an einen Spießrutenlauf, hervorgerufen von mitleidlosen Kreaturen, genannt VfB-Fans ... er hält immer noch an, der Schmerz, der Spießrutenlauf, zehn Jahre danach ...

Buffo, 37, freier Musikjournalist und Manager von Tankard
An die Schmach, besser den Betrug von Rostock kann ich mich noch gut erinnern, da ich im Frühjahr 1992 in einer tiefen Sinnkrise steckend wochenlang keinen Tropfen Alkohol zu mir nahm (kein Witz!).
So gesellten sich nach dem Spiel zu den Tränen der Enttäuschung und Wut auch noch solche der ganz persönlichen Trauer. Überhaupt habe ich noch nie so viele Menschen Rotz und Wasser heulen gesehen, wie an diesem Samstag in Mai.
Im Laufe der Zeit ist die Wunde zwar verheilt, an manchen Tagen schmerzt die Narbe aber noch. Andererseits ist man als langjähriger Eintrachtfan Kummer gewohnt, weshalb ich

spätestens seit Rostock nach dem leicht abgewandelten Stepi-Motto „Leide geht weiter" bzw. der ebenfalls modifizierten Binsenweisheit „Was uns nicht umbringt, das macht uns noch masochistischer" lebe.

Andreas Backer, 35, home of football
Erinnerung 1:
Gelb, gelb, gelb. Sind die Dortmunder auch angereist? Nein, rechts und links der Landstraße nur Rapsfelder. Aus wirtschaftsgeographischer Sichtweise einfach zu erklären. Die strukturschwache Region im Nordosten wollte an die Fördertöpfe von Bund und EU. Rapsanbau wurde aufgrund der Ölgewinnung aus Raps gefördert. Für mich war die Fahrt sozusagen eine Uni-Exkursion.
Erinnerung 2:
Die Turnhalle oder wie ich das Spiel verfolgte.
Auf Grund vorbeugender Maßnahmen wurde unsere Reisegruppe vor dem Spiel in Polizeigewahrsam genommen (komisch). Das Spiel verfolgten wir in einer Polizeiturnhalle in der eventuell schon Mielke und Co. einige Kicks hingelegt

haben. Nach zähen Verhandlungen mit dem Einsatzleiter ist es mir gelungen, ein Transistorradio zu organisieren, an dem wir das Spiel verfolgen durften. Während der Verhandlungen ist es zirka 50 Prozent der Reisegruppe gelungen, die Turnhalle zu verlassen (ehemalige Stasi-Geheimgänge?). „Sensationelle Fluchthilfe einige Jahre nach Mauerfall", hätte eventuell die Überschift bei Gewinn der Meisterschaft lauten können. Durch den bekannten negativen Spielausgang hatten aber am Ende wir in der Turnhalle das bessere Los gezogen. Besonderer Dank geht hier nochmals an Herrn Frankenbach von der Polizeiinspektion Süd.

Siggi Kasteleiner, 36, Verwaltungsangestellter, Eintracht-Fan seit 1980
Selbstverständlich war ich auch in Rostock und habe Rotz und Wasser geheult. Aber im Nachhinein sehe ich die Schuld an der Niederlage gar nicht mehr bei den „bösen Ossis", sondern eher bei uns selbst. Mit meiner Oma als Trainerin wäre diese Mannschaft eher Deutscher Meister geworden als mit dem Schoppe-Yugo. Als Top-Mannschaft muss man auch mal eine Fehlentscheidung wegstecken können. Heute ist Hansa im Gegensatz zur Eintracht ein seriös geführter Verein mit einem Schmuckkästchen von Stadion, und der Eintracht um Längen voraus. Und wenn man überlegt, welche Spieler in Rostock groß geworden sind (Neuville, Beinlich, Agali ...), habe ich ziemlichen Respekt vor der Leistung dieses Vereins. Das einzige, was mir im Zusammenhang mit Hansa Rostock peinlich sein kann, ist die Geschichte mit dem Hansa-Bierkrug, den ich auf einer Weihnachtsfeier verschenkt hab, und ausgerechnet Christiane hat's erwischt. Sorry, Christiane!

Lutz Meinl, 49, seit mehr als 20 Jahren Physiotherapeut der SGE

Wenn ich heute an den Tag von Rostock denke, erinnere ich mich vor allem an die zweite Halbzeit. Die Zeit lief uns davon und mit jeder vergebenen Chance schwand auch bei mir die Hoffnung auf den Traum vom Titelgewinn. Nach Spielende war in der Kabine Totenstille, einige Spieler heulten wie Schlosshunde. Ich war zu dem Zeitpunkt ziemlich gefasst und versuchte zu trösten, wo es möglich war. Aber ich machte mir auch meine Gedanken über das Spiel. Gab es von außen eine Stallregie, dass Andreas Möller so schlecht spielte?? Es gab ja Ärger zwischen seinem Berater und der Eintracht. Stepi hätte Andreas Möller in der Halbzeit auswechseln müssen, aber er hatte nicht den Mut.

Was mich auch geärgert hat, war die Tatsache, dass von der Eintracht schon im Voraus eine große Meisterschaftsfeier geplant wurde. Nach dem Spiel hätte man das internationale Buffett ja nach Stuttgart schicken können. Den Hauptgrund für unser Scheitern sehe ich immer noch in den beiden Heimspielen gegen Bremen und Wattenscheid, die wir nicht gewonnen haben. Es war schon eine Kunst, mit dieser Mannschaft nicht Deutscher Meister zu werden.

THERAPIEVORSCHLÄGE

THERAPIE-
VORSCHLÄGE

10

Dieses Buch erscheint auf den Tag genau zehn Jahre nach der Ereignissen von Rostock, deren sportliche und emotionale Tragik mit jedem Jahr Abstand deutlicher zu Tage tritt. Viel Zeit ist seither vergangen, in der, verglichen mit der Anfangszeit der Bundesliga, das Tempo der Veränderungen in unserem Sport atemberaubend zugenommen hat. Die Diskussionen um die Trikotwerbung, initiiert durch Braunschweigs Günter Mast, kommen einem vor, als wären sie vor 100 Jahren geführt worden, doch ist dies gerade mal 30 Jahre her. Bis in die 80er Jahre hetzten wir direkt mit dem Schlusspfiff im Waldstadion nach Hause, um die heilige Sportschau nicht zu verpassen. Wir taten das, obwohl wir ahnten, dass das Spiel der Eintracht garantiert nicht unter den drei Partien sein wird, die von Ernst Huberty humorlos angesagt wurden. Heute hingegen ist man sogar in der Sommerpause nicht sicher vor unnützen Übertragungen völlig unwichtiger Vorbereitungsspiele auf einem der diversen Privatsender.

Nicht dass die Sportschau toll gewesen wäre, so trocken, bieder und phantasielos, wie sie nun einmal war. Und Ernst Huberty oder Hajo Rauschenbach waren bestimmt so unerträglich wie es Werner Hansch oder Thomas Hermann heute sind. Die Sportschau hatte aber den unbedingten Vorteil, dass sie sich ausschließlich um den Sport kümmerte. Wichtig war die Mannschaftsaufstellung, der Spielverlauf, das Ergebnis – und nicht, wer sich, aus was für Gründen auch immer, mit einem Tiger im Haar zum Affen macht. Die Spieler jubelten noch richtig schön puritanisch, echt und mit Herz, und führten kein peinliches Schuh-Küss-Theater auf. Sie rissen sich auch nicht das Trikot vom Leib, um irgendwelche nichtsnutzigen Botschaften via TV in die Welt zu setzen. Wir sind uns sicher, damals wäre jeder Spieler, der auf so eine Idee gekommen wäre, hinterher von seinen Mannschaftskameraden derart auf die Rolle genommen worden, dass er mindestens für acht Wochen in ein Formtief gefallen wäre.

In der Sommerpause verfolgten wir gespannt die Spekulationen um eventuelle Neuverpflichtungen, denn das waren ja langfristige Investitionen in die Zukunft und sollten deswegen sorgfältig diskutiert werden. Heute hat man doch den Spieler, der gestern als großartige Verstärkung vorgestellt wurde, morgen schon wieder zu Recht vergessen.

Seit mit dem Fußball so richtig viel Geld verdient werden kann und der Sport an sich, aber insbesondere der Fußball eine bis vor kurzem nicht für möglich gehaltene gesellschaftliche Stellung eingenommen hat, treiben sich allerlei dubiose Gestalten, vom schmierigen Spielerberater bis hin zum sogenannten Medienmogul, in dessen Umfeld herum. Die Ideen, wie man in noch kürzerer Zeit noch mehr Geld verdienen kann, werden immer waghalsiger. Zuerst sollten die Stehplätze weg, dann wurden die Stadionsprecher gegen Event-Animateure ausgetauscht, Cheerleader sollen die feuchten Träume der alten Herren in den VIP-Boxen erfüllen und die sogenannten Spielfeldrand-Interviews erinnern stark an Badesalz: „Am Abgrund der Dummheit".

Heute stellt der Fußball nicht viel mehr als ein hohles und nichtssagendes Kunstprodukt der Unterhaltungsindustrie dar, aufgeblasen mit künstlicher Bedeutung, bei dem man die Uhr stellen kann, bis der Ballon platzt.

Bei unserer SGE entweicht die Luft schon seit zehn Jahren stetig und unaufhaltsam. Tragischerweise konnten sich die wenigen seriös arbeitenden Fachleute in der Vorstandsetage nie durchsetzen, so dass die großartige Ausgangsposition, in der sich die Eintracht in der ersten Hälfte der 90er Jahre befand, peu à peu verspielt wurde. Die Eintracht war wahrscheinlich der erste und einzige Bundesligaverein, dem es gelang, eine Periode fünfjähriger ununterbrochener Europapokalteilnahme mit Millionenschulden abzuschließen. Auf Grund der bekannten dilettantischen und unseriösen Geschäftspraktiken geht es zwar einer Vielzahl von Spielern und Ex-Funktionären wirtschaftlich besser, jedoch nicht dem Verein. Der befindet sich in einer äußerst prekären Situation, die sehr stark an die Entwicklung bei Fortuna Düsseldorf erinnert. Die standen noch 1979 in einem Euro-

papokalfinale und dachten seither, dieser sportliche Erfolg sei der Fortuna automatisch garantiert. Heute haben sie sich in ihrer Not einem dubiosen Finanzier an den Hals geschmissen, der inzwischen pleite ist, sie haben das Rheinstadion verlassen, weil keine Zuschauer mehr kommen und stehen 2002 vor dem Abstieg in die Oberliga.

Eine derartige Entwicklung hält in Frankfurt (noch) kaum einer für möglich. Wir sind doch die Eintracht, wir gehören zum Stammpersonal der Bundesliga, wenn nicht sogar in die Championsleague. Seit nun aber exakt zehn Jahren, seit Rostock, bewegt sich die SGE kontinuierlich in Richtung Amateurfußball.

Was am 16. Mai 1992 geschah, kann tatsächlich erst heute richtig eingeschätzt werden. Offensichtlich wurde mit dem Schnuppern an der Meisterschale eine Tendenz im und rund um den Verein über alle verträgliche Maße gefördert. Großmannssucht gepaart mit einer Metropolenarroganz begleiten die Eintracht von Anbeginn. Im Waldstadion soll nicht nur gewonnen werden, hier soll Fußball zelebriert werden. In der Rostock-Saison war der Höhepunkt erreicht, die beste Mannschaft spielte den Fußball der Zukunft und war darüber hinaus auch noch erfolgreich, wie es schien. Leider blieb es beim Anschein, auch – aber bestimmt nicht nur – wegen Alfons Berg. Der vergebene Matchball von Rostock hat in Frankfurt vollends die Sinne getrübt. Das hat dazu geführt, dass die offensichtliche Chance einer Konsolidierung der Jahre 1996 und 1997 kläglich vergeben wurde. Mit Horst Ehrmantraut leitete schon in der zweiten Liga erstmals seit Jahren wieder ein seriöser Fachmann die sportlichen Geschicke des Vereins. Er, der von außen kam, realisierte schnell die Notwendigkeit einer Gewöhnung an den (höchstens) Bundesligadurchschnitt, mehr war mit den wenigen Möglichkeiten nicht drin. Auf den Jahreshauptversammlungen setzten sich jedoch wieder die Leute durch, die einen Championsleagueplatz innerhalb weniger

FAZ, 21. März 2002

Monate versprachen. Daran scheiterte Ehrmantraut, daran scheitert noch heute der Verein, beziehungsweise die AG.
Es sind die Fans, die realisieren, wie es um den Verein wirklich bestellt ist. Abzulesen an den Gesängen, die seit dieser Saison zu hören sind und die trotzig von der Desillusionierung auf den Rängen erzählen:
SGE,
wir sind da,
jedes Spiel, ist doch klar!
Zweite Liga, tut schon weh,
scheiß egal,
SGE!
Es sieht tatsächlich so aus, als wäre auf der Gegentribüne und in der Kurve, wo normalerweise die Träume und die Euphorie zu Hause sind, ein größeres Maß an Realitätsbewusstsein vorhanden als auf der Haupttribüne. Sind doch die regelmäßigen Interviews der Verantwortlichen in ihrer arroganten Grundhaltung in Anbetracht der Situation nur schwer nachvollziehbar. Vielleicht sollten sie als ein Alarmzeichen gelesen werden, dass sich sogar jetzt noch nichts an der fatalen Grundhaltung der Entscheidungsebene geändert hat.

THERAPIEVORSCHLÄGE

Auf die Melodie des Jürgens-Schlagers „Griechischer Wein" singen die Ultras seit dieser Saison:
Europapokal,
wir spielen nie mehr im
Europapokal,
die zweite Liga langt uns doch allemal,
wir spielen nie mehr im Europapokal!
Schon beim Spiel gegen Aachen feierte die Fanszene symbolisch ihren Abschied von der großen Eintracht, als die Heroen vergangener Tage, als ein Jürgen Grabowski, ein Bernd Hölzenbein, ein Bruno Pezzey oder Anthony Yeboah während der gesamten zweiten Hälfte gefeiert wurden. Dieses Realitätsbewusstsein spiegelt sich auch in den Rufen nach Horst Ehrmantraut wider. Wir glauben, dass sich in diesen Rufen nicht unbedingt eine Sehnsucht nach der Person Horst Ehrmantrauts spiegelt, sondern vielmehr der große Wunsch nach Seriösität, die der Mann aus Einöd zu 100 Prozent symbolisiert.
Ein Therapievorschlag unsererseits an den Verein wäre die schmerzliche Anerkennung der Realität, wie es beim harten Kern der Fanszene schon vollzogen wurde und noch wird. Das förderte sicher einen klaren Blick auf die aktuelle Situation – und nur so schafft man sich die Voraussetzung, der Situation angemessen handeln zu können. So lange aber die Glücksritter sich im Grüneburgweg und bald wieder am Riederwald die Klinke in die Hand geben und, viel schlimmer noch, in Amt und Würden sich befinden, winkt wohl bald ein Derby gegen die Kickers in der Regionalliga. Dann aber mit umgekehrten Vorzeichen. Die Kickers auf dem Weg nach oben, wir jedoch zielstrebig weiter nach unten.
Was Fortuna Düsseldorf auch lehrt: Selbst mit einem 150 Millionen Euro-Stadion kann man in der vierten Liga gegen Sprockhövel spielen.
Einen Therapievorschlag können wir uns Fans leider nicht wirklich unterbreiten, sind wir doch in der Vergangenheit schon viel zu oft vom Verein missbraucht worden. Die Lehrbücher warnen ja bekanntlich vor Eigentherapien und verweisen richtigerweise auf die entsprechenden Experten. Allgemeingültigkeit genießt jedoch der Grundsatz, in Zeiten der Bedrängnis, nicht in Agonie oder Destruktivität zu verfallen, sondern positive Aktivitäten zu starten, wenn auch in kleinen, erfolgversprechenden Schritten.
Die desolate Situation im Verein hat ja richtigerweise unter anderem zur Gründung der Fan- und Förderabteilung geführt. Was diese Abteilung im ersten Jahr für den Verein getan hat, verdient unseres Erachtens allen Respekt. Wichtig scheint uns hier der Hinweis zu sein, dass, auch wenn sich die Eintracht sportlich weiter nach unten entwickeln sollte, in der Fan-und Förderabteilung schon jetzt die Keimzelle für einen, um das Wort tatsächlich zu strapazieren, seriösen Neuanfang zu sehen ist.
Fußball hatte in Mitteleuropa bis noch vor kurzem eine wahrhafte Bedeutung für das Publikum, Fußball war wichtig. Viele gesellschaftliche Konstellationen spielen sich im Stadionrund auf einer symbolischen Ebene ab, der Underdog gegen die Großkopferten, der Arbeiterverein gegen die Bürgerlichen. Subjektiv empfunden findet sich bei uns Anhängern vieles vom wahren Leben, von authentischen Gefühlen im Fußballsport wieder. Von diesen wahren und tiefen Gefühlswelten wollte dieses Buch erzählen, wenn auch mit der nötigen Distanz und (manchmal) Ironie. Es erzählt zwar von traurigen Ereignissen, aber doch auch von der großen Verbundenheit vieler Menschen zu diesem Verein und das lässt uns, wie es sich für Fans gehört, positiv in die Zukunft schauen.

Bergs Ohnmacht ist die Ohnmacht der Eintracht

Frankfurter Eintracht verliert die Nerven und den Titel

Schiedsrichter verweigert den Strafstoß / Stepanovic braucht nach dem 1:2 in Rostock keinen Trost / Leichter Abschied von Andreas Möller

Schiedsrichter Berg verweigert Frankfurt in Rostock einen Elfmeter: „Es tut mir leid"

Die Eintracht läßt die Stärken eines ganzen Jahres vermissen
Ausnahmemannschaft hält der Ausnahmesituation nicht stand

Die verpaßte Titelchance erschüttert Bernd Hölzenbein

„Spieler verkraften so etwas schneller"
Ein schlimmer Traum wird in Rostock wahr

Rasender Ralf Weber rechtzeitig eingefangen

5000 Fans feiern Eintracht wie den wahren Meister